山东师范大学附属中学
HIGH SCHOOL ATTACHED TO SHANDONG NORMAL UNIVERSITY
学生发展指导丛书

心理指导

主　　编　王玉璋

编委会主任　王玉璋
编委会副主任　高峰强　谭英海　陈德海
　　　　　　刘从军　张宪臣　王　鹏
本册主编　王　燕
本册副主编　卢　敏

山东城市出版传媒集团·济南出版社

图书在版编目(CIP)数据

心理指导 / 王玉璋主编. -- 济南 : 济南出版社,
2018.8

(学生发展指导丛书)

ISBN 978-7-5488-3424-3

Ⅰ. ①心… Ⅱ. ①王… Ⅲ. ①高中生 - 心理健康 - 健康教育 Ⅳ. ①G444

中国版本图书馆 CIP 数据核字(2018)第 200122 号

心理指导

责任编辑 宋 涛 张慧敏

封面设计 王 欣 焦萍萍

出版发行 济南出版社

地　　址 济南市二环南路 1 号(250002)

编辑热线 0531-82772895

发行热线 0531-86131728

印　　刷 肥城新华印刷有限公司

版　　次 2018 年 10 月第 1 版

印　　次 2018 年 10 月第 1 次印刷

成品尺寸 170mm × 240mm　16 开

印　　张 9.5

字　　数 140 千字

印　　数 1—2000 册

定　　价 36.00 元

前　言

高中阶段是一个人个性形成、自主发展的重要时期。在这个阶段，同学们会不断地加深对自己、社会、职业、教育的认识，并在这个基础上完成人生的第一次重大抉择。

对未来的三年，同学们既满怀憧憬，又会带着诸多的疑问和思考：

高中三年将怎样度过?

今天所学的知识对未来有用吗?

怎样形成科学的学习方法和策略?

高中生到底应该具备什么样的素质?

生命的价值何在?

该怎样规划自我个性发展?

高中毕业后将选择什么样的人生之路?

……

每一名高中生都将面对一系列的发展问题，那如何认识这些问题呢？这套“学生发展指导丛书”将带领同学们思考并解答高中三年中的疑问和困惑。

自我认知。就是每个人都要全面了解自己，包括基础、潜能、特长、弱点等方面，科学地认识现实和理想之间的关系，形成个体发展中的自主性、自觉性和主动性。

生涯认知。这是人自我发展的根基，我们要具有尊重生命、保护生命、发展生命的态度和方法，理解个人生命与他人生命的联系，明了生活的意义，形成正确、健康、科学的生活态度和行为，掌握生涯发展的技能。

社会认知。关注个人发展与社会发展的关系，认识现代社会需要什么样的人才，人才必须具备什么样的素质，以及如何才能成为人才，激发个体对社会的参与和贡献。

职业认知。不仅要从理论上认识职业及其变化，更要从一定的实践中体验职业和感悟职业，更加全面地了解职业素养和能力要求。

“学生发展指导丛书”包括《学业指导》《生涯指导》《心理指导》《生活指导》四个分册,旨在从学业、生涯、心理、生活等方面给同学们提供一系列指导。

一个人若是看不到未来，就掌握不了现在；一个人若是掌握不了现在，就看不到未来。这两句话道出了生涯规划的本质和精髓：立足现在，胸怀未来。弗洛姆在《生命的展现》一书中提到，我们需要一个献身的目标，以便把力量整合到一个方向上，以便超越我们的孤独生命状态，超越此种状态所造成的一切疑虑与不安全之感，并且满足我们企求生活意义的需要。生涯规划就是将自己托付于这个目标的一种安身立命。

生涯不等同于生命，只有在个人寻求它的时候它才存在，所以人是生涯发展的主动塑造者。我们希望每一位同学的发展都是主动发展的过程，都能在了解自我、了解社会、了解职业的过程中找到生命的价值和意义。

王玉璋

目录

第一章

拥有健康的人格

第一节　认识自己，悦纳自己

最近在清理过去的作文本时，我发现了同一人写的两篇题目完全一样的作文——《我是怎样的人》。一篇是小学五年级时写的，另一篇是初中二年级时写的。尽管都是记叙作者自己的，有趣的是两篇作文里的主人公却表现得判若两人。第一篇作文中写道："老师说我最大的优点就是热爱劳动。在一次大扫除中，我和另两名同学被分配去扫厕所，当我们发现大便池由于堵塞脏水四溢时，那两位同学急忙跑去找老师，我当时不顾便池里的脏水，用手将堵塞的纸掏出来。待老师他们赶来时我已经把厕所打扫得干干净净。"时隔三年后的第二篇作文中写道："我不太在乎老师的评价，我觉得最了解我的莫过于自己了。一次上劳技课，老师让学生自己准备材料做手工，我将几片枯黄的树叶精心地剪成一只母鹿，又做了几只在母鹿腹下吃奶的小鹿，剪完后贴在一张图画纸上交给了老师。下课前老师在总结时表扬了我的同桌。她做的是布贴，画面上是妈妈领着一个学步的小孩。老师说她的作品歌颂的是母爱。当时我心里很不服气，觉得自己的作品同样是歌颂母爱，比她的作品更含蓄。尽管我的作品没有收藏在学校的展览园地上，但是我却把它挂在了自己的窗口上。现在老师说我有主意了，妈妈说我翅膀硬了，我听得出来这些话是贬义。我自己到底是什么样的，为什么随着年龄的变化我似乎不认识自己了？"

一、如何认识自己？

苏格拉底常说："认识你自己！"这说明认识自己并不是一件容易的事。正所谓“当局者迷”，我们有时并不善于认识自己，对自己的形象、优点、缺点、兴趣爱好、性格、气质、能力等并不能全面地了解。我们如何正确地做到认识自己呢?

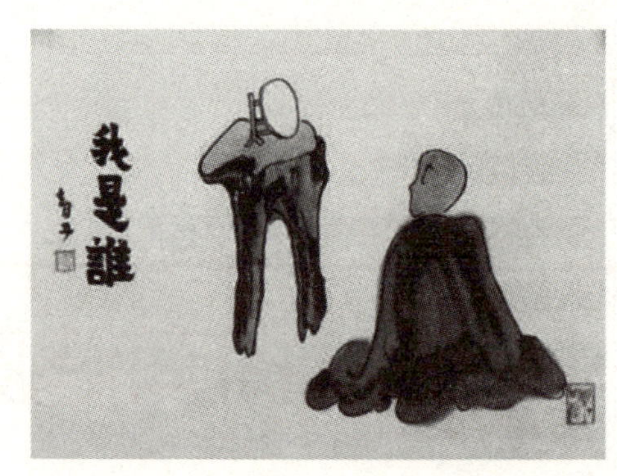

认识自己有很多的途径，列举如下：

1.通过自我观察认识自己。包括对自己各种身心状态和人际关系等的认识，即生理自我、心理自我和社会自我，比如自己的身高、外貌、体态、性格，自己与他人的关系等方面的认识；在自我认识过程中，伴随着情感体验，如由身高、外貌等激发的自豪、自信或自卑情绪，以及在自我认识、自我情感体验过程中，我们是否有目的、自觉地调节和控制我们的行为和想法。我们要善于剖析自我，深刻认识自我，从而更好地认识外在形象和内在自我。

2.通过他人评价认识自己。我们都知道“旁观者清”，古语云“以人为镜，可以明得失”，在认识自己的过程中，我们要主动向他人了解自己，既要虚心听取他人的意见，又要客观冷静地分析他人的评价，以便我们从多角度来认识自己。

3.通过社会比较认识自己。自我观察和他人评价难免会有各自的主观投射，因此，我们可以通过合理的社会比较更好地认识自己。例如，将现在的自己与过去的自己进行纵向比较，与同龄人或者有类似条件的人进行横向比较，借助更全面的纵横社会比较来正确认识自己。

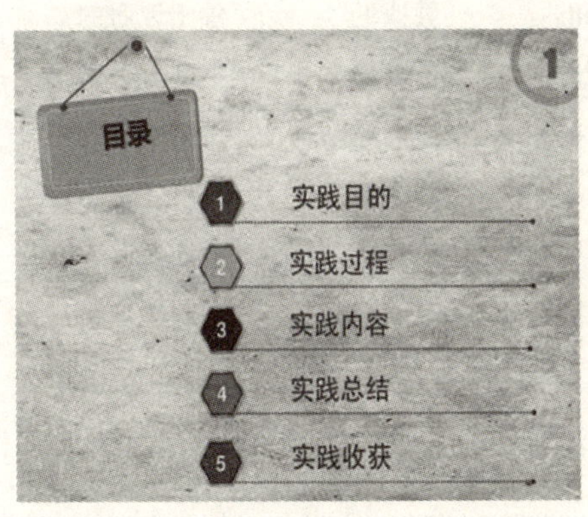

4.通过社会实践认识自己。我们可以通过参加各种活动，跟进各种活动过程、结果来认识自己，通过与他人的合作分析自己的人际沟通能力，通过组织开展活动来分析自己的组织管理能力，通过读书活动发现自己的知识掌握程度、及时地查漏补缺等，通过具体的活动分析自己的表现及结果，能够更加客观地认识自己。

5.通过反思总结认识自己。我们发现在以上四个方法中，我们都是在发现和认识自己，很多人也的确是那么做的，但还是不太清楚自己是一个什么样的人，所以我们还需要经常反思和自我总结，多写日记多记录，及时归纳和善于总结自己的优缺点，更好地把握生理自我、心理自我和社会自我。

二、我们如何描述一个人呢?

形容一个人的词语有很多，以下是关于个人的一些基本表述。

负责的	合作的	细心的	专断的	果断的	有吸引力的
冲动的	固执的	勤奋的	胆怯的	谨慎的	少言寡语的
敏感的	活泼的	勇敢的	幽默的	敌意的	多愁善感的
易兴奋的	聪明的	严肃的	友好的	爽朗的	精力充沛的
情绪化的	腼腆的	乐观的	抑郁的	羞涩的	不善言辞的
犹豫的	焦虑的	镇定的	冷静的	内向的	善于交往的
自信的	依赖的	敷衍的	柔弱的	粗心的	善于变通的
谦虚的	宽容的	自负的	急躁的	健谈的	善于说服的
顺从的	执着的	放任的	支配的	务实的	井井有条的
有领导力的	机敏的	灵活的	强壮的	瘦弱的	贯彻始终的
受欢迎的	适应的	被动的	冷淡的	健康的	斤斤计较的
善良的	开朗的	外向的	自卑的	独立的	不善表达的
有耐性的	刻薄的	容忍的	鲁莽的	主动的	相貌平平的

1.在上面的表格中勾画出符合自己性格的词语。

2.请你的好朋友勾画出符合你性格特点的描述。

3.整理一下这些词语：

	自我描述(自己打“√”的词语)	朋友描述(朋友打“√”的词语)
性格描述		
补充描述		
自己和他人所选取的共同点(词语)		
自己和他人所选取的差异(词语)		

4.和朋友沟通在评价上的差异。

(1)你如何认识这种差异?

(2)你觉得哪些是你的优点?

(3)你准备在哪些方面努力改善?

(4)你觉得哪些评价差异要接纳?

三、你能接纳自己吗?

认识自己,首先要学会愉快地接纳自己。人对自己的认识并不是抽象的,它本身具有情感态度,伴有自我评价的感情,即对自己是好感还是恶感,是满意还是不满意,这取决于一个人对自己是排斥还是接纳。要认识自己必须对自己有一个接纳的态度,也就是说人对自己不仅要充分了解、正确认识,还要坦然地承认和欣然接受,不能排斥自己、拒绝自己,更不能厌恶自己。悦纳自己是一种心理状态,与客观情况并不完全相关,有些人虽有生理缺陷但很乐观,有的人相貌堂堂却并不喜欢自己,有些人并不富裕却知足常乐,有些人虽有钱有势但并不深感快意。据说古代有一位皇帝,从来不觉得快乐,他问一个哲学家究竟谁是这个世界上最幸福最快乐的人,哲学家说:"只要他自己认为自己是一个最幸福最快乐的人,他就是那个最幸福最快乐的人。"其实,生活中每个人都有优点和缺点,但是有的人把自己的缺点或弱点当包袱一样挂在心头,连自己的优点和长处也看不见,于是自身的优势被自己的缺点和弱点掩盖,自身的潜在能力与智慧被自己的妄自菲薄和自我拒绝所泯灭。当然我们不是说悦纳自己就可以成功,也不是说不悦纳自己就不能成功,自卑者往往也能看见自己的条件和机会，但是总觉得这些机会是为别人准备的，不敢参与竞争,从而为自己设置了奋进的障碍。泰戈尔说:“你之所以觉得巨人高不可攀,那只是因为你跪着。”事实上,许多事情别人能做到的,你自己也一定能做到,关键在于你要充分、准确、客观地认识自己,要做到这一点必须在心理上悦纳自己。

为了帮助你更好地认识自己,我们做一个小游戏——为自己画像。假设在一个农场中,农场里有山有水、有房舍,你把自己想象成一种动物,在下面的图纸上画出最像自己的动物。并用5句话概括最像自己的原因。

用20句话说:

1.我是一个____的人;

2.我是一个____的人;

3.我是一个____的人;

4.我是一个____的人;

5.我是一个____的人;

6.我是一个____的人;

8.我是一个____的人；

9.我是一个____的人；

10.我是一个____的人。

…………

以上这个过程，可以引发你思考，更好地了解自己，一定要试试！

如何做到悦纳自我呢？

1.勇敢地接受自己的缺点、不足或缺陷，每个人都有自己不完美的地方，接受自己的不完美，每天给自己一个完美的笑脸，当你接受自己的不足时，你会觉得心胸坦荡了很多。

2.每天想一次自己的优点和长处，并发扬这些优点和长处。

3.学会用发展的眼光看待自己，而不是不断地给自己贴上“不行”“做不到”的标签。

4.勇于接受挑战，在挑战中实现自己的价值。

5.取得成功时尽情体验自己的喜悦，并与他人分享。没有分享就没有真正的成功。

一个人的心理健康与否，生活得是否快乐，有一个重要指标就是能不能愉快地接受自我，即悦纳自我。在接受自己优点的同时也了解自己的缺点，并坦然地承认自己的不足之处，然后不断克服缺点，注意自我形象的塑造，把握自己的做人原则，不断完善自己，从而更加自信地面对生活，走向成功。

四、实践与操作

你不妨通过下面“自我肯定量表”的测试，来对自己能否自我肯定，做一个初步的判断。

1. 当一个人对你非常不公平时，你是否想让他知道？

(1)从来没有　(2)很少　(3)偶尔　(4)大多是　(5)经常是

2. 你是否容易做决定？

(1)从来没有　(2)很少　(3)偶尔　(4)大多是　(5)经常是

3. 当别人占了你的位置时，你是否告诉他？

(1)从来没有　(2)很少　(3)偶尔　(4)大多是　(5)经常是

4. 你是否经常对你的判断有信心？

(1)从来没有 (2)很少 (3)偶尔 (4)大多是 (5)经常是

5. 你是否能控制你的脾气?

(1)从来没有 (2)很少 (3)偶尔 (4)大多是 (5)经常是

6. 在讨论或辩论中,你是否觉得很容易发表意见?

(1)从来没有 (2)很少 (3)偶尔 (4)大多是 (5)经常是

7. 通常情况下,你是否能表达你的感受?

(1)从来没有 (2)很少 (3)偶尔 (4)大多是 (5)经常是

8. 当你工作时,如果有人注意你,你是否不受影响?

(1)从来没有 (2)很少 (3)偶尔 (4)大多是 (5)经常是

9. 当你和别人说话时,你是否能轻易地注视对方的眼睛?

(1)从来没有 (2)很少 (3)偶尔 (4)大多是 (5)经常是

10. 你是否易于开口赞扬别人?

(1)从来没有 (2)很少 (3)偶尔 (4)大多是 (5)经常是

11. 当推销员向你推销你实在不需要或不想要的东西时,你是否会拒绝?

(1)从来没有 (2)很少 (3)偶尔 (4)大多是 (5)经常是

12. 当你有充分的理由退货给店方时,你是否很坚决?

(1)从来没有 (2)很少 (3)偶尔 (4)大多是 (5)经常是

13. 在社交场合,你是否觉得保持交谈对你而言没有困难?

(1)从来没有 (2)很少 (3)偶尔 (4)大多是 (5)经常是

14. 你是否觉得在别人的言行中很少表示不受欢迎?

(1)从来没有 (2)很少 (3)偶尔 (4)大多是 (5)经常是

15. 如果有朋友提出一些无理要求时,你是否迟疑不决?

(1) 从来没有 (2)很少 (3)偶尔 (4)大多是 (5)经常是

16. 如果有人恭维你,你知道说些什么吗?

(1)从来没有 (2)很少 (3)偶尔 (4)大多是 (5)经常是

17. 当你和异性谈话时,你是否感到紧张?

(1)从来没有 (2)很少 (3)偶尔 (4)大多是 (5)经常是

18. 当你生气时是否会严重地责骂对方?

(1)从来没有 (2)很少 (3)偶尔 (4)大多是 (5)经常是

填表及计分规则:

1. 在每个选项后面填入相应的数字：

（1）从来没有 （2）很少 （3）偶尔 （4）大多是 （5）经常是

2. 所填的数字就是该项的得分：

例如：对问题2回答，你的选项是“（3）偶尔”，那你的得分就是3分。

3. 将每项得分相加就是你最后的得分。

结果：

1. 得分在77分以上，非常能自我肯定，擅于适时、适当地表露自己的意见和感受。

2. 得分在52~76之间，大多数时候能表露自己的意见与感受，但偶尔做不到。

3. 得分在27~51之间，能自我肯定，但大多数时候不能表达自己的意见与感受。

4. 得分在26分以下，非常不能自我肯定，经常不能表露自己的意见与感受。

第二节　培养健全的人格

以下是乔布斯在斯坦福大学的演讲：

我非常幸运，因为我在很早的时候就找到了我钟爱的东西。史蒂夫·沃兹尼亚克和我在20岁的时候就在父母的车库里面开创了苹果公司。我们工作得很努力，十年之后，这个公司从那两个车库中的穷光蛋发展到了超过4000名的雇员，价值超过20亿的大公司。在公司成立的第九年,我们刚刚发布了最好的产品,那就是麦金塔电脑。我也快要到30岁了。

在那一年，我被炒了鱿鱼。你怎么可能被你自己创立的公司炒了鱿鱼呢？嗯,在苹果快速成长的时候，我们雇用了一个很有天分的家伙和我一起管理这个公司，在最初的几年,公司运转得很好。但是后来我们对未来的看法发生了分歧，最终我们吵了起来。当争吵不可开交的时候，董事会站在了他的那一边。所以在30岁的时候，我被炒了。在这么多人的眼皮底下我被炒了。在而立之年，我生命的全部支柱离自己远去，这真是毁灭性的打击。

在最初的几个月里，我真是不知道该做些什么。我把从前的创业激情给丢了，我觉得自己让与我一同创业的人都很沮丧。我和戴维·帕卡德和鲍勃·诺伊斯见面，并试图向他们道歉。

我把事情弄得糟糕透顶了。但是我渐渐发现了曙光，我仍然喜爱我从事的这些东西。苹果公司发生的这些事情丝毫没有改变这些，一点也没有。我被驱逐了，但是我仍然钟爱它，所以我决定从头再来。

我当时没有觉察，但是事后证明，从苹果公司被炒是我这辈子发生的最棒的事情。因为，作为一个成功者的极乐感觉被作为一个创业者的轻松感觉所重新代替：对任何事情都不那么特别看重。这让我觉得如此自由，进入了我生命中最有创造力的一个阶段。

在接下来的五年里，我创立了一个名叫NeXT的公司，还有一个叫皮克斯的公司，然后和一个后来成为我妻子的优雅女人相识。皮克斯制作了世界上第一个用电脑制作的动画电影——《玩具总动员》，皮克斯现在也是世界上最成功的电脑制作工作室。

我可以非常肯定，如果我不被苹果开除的话，这其中的任何一件事情都不会发生。这个良药的味道实在是太苦了，但是我想病人需要这个药。有些时候，生活会拿起一块砖头向你的脑袋上猛拍一下。不要失去信心。我很清楚唯一使我一直走下去的，就是我做的事情令我无比钟爱。你需要去找到你所爱的东西。

一、健全人格的特征

人格乃是具有不同素质基础的人，在不尽相同的社会环境中所形成的意识倾向性和比较稳定的个性心理特征的总和。正如人们常说的"性格就是命运"，人格决定了一个人的生活方式，甚至有时会决定一个人的命运。人格是灵魂的骨架，健全的人格能给我们一个正直清澈的灵魂，带给我们美好的生活体验和幸福的心灵，引导我们走上正确的人生道路。

健全的人格有哪些方面的表现呢？

1. 客观的自我认识和积极的自我态度。包含三层意思，首先是有自我认识，且这种认识是全面的、丰富的；其次是不歪曲自己的特性，即既不夸大也不掩饰自己的长处和短处；第三是能够经常意识到自己在做什么，感受到什么，并知道自己的行为、体验缘何而起。

2. 客观的社会知觉和建立适应的人际关系的能力。

3. 生活的热情和有效解决问题的能力。心理健康的人应该热爱生活，有投身于工作事业和家庭的热情，与年龄相适应的生活能力。

4. 个性结构具有协调性。人格健全者应该有统一的人生观和世界观，个性倾向的各部分（需要、兴趣、动机、理想信念和世界观）之间应该能保持一种动态的协调、平衡，而且认识、情感和行为之间也应该有协调性。

二、帮你了解自己的人格特征

以下是表述人格的词语。

健谈的	寡言的	好交际的	隐遁的	爱冒险的	谨慎的
开放的	不坦率的	和蔼的	易怒的	合作的	抗拒的
温和的	任性的	接纳的	嫉妒的	尽责的	敷衍的
细心的	不谨慎的	坚韧的	不安定的	自律的	放纵的
爱挑剔的	粗心的	平静的	焦虑的	镇静的	易兴奋的
泰然自若的	紧张不安的	理智的	眼光短浅的	有美感的	缺乏美感的
富有想象力	简单直接的	优雅的	粗野的		

在上面乔布斯的这段演讲中，你能感受到乔布斯有哪些突出的人格特征？试着用上面提供的词语描述一下。

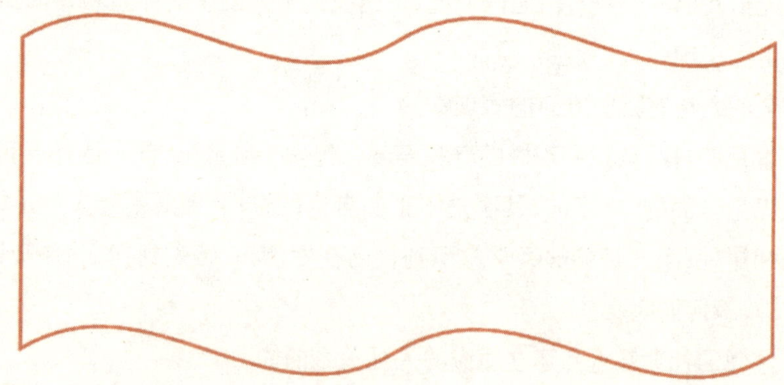

三、人格发展的不足

“金无足赤，人无完人”，我们大部分人都或多或少存在着人格发展的不足：

1.自卑。自卑感是对自己不满、鄙视、否定的情感。

2.害羞。害羞是一个人自我防御心理过强的结果，他们常常过于胆小被动，过于谨小慎微，过于关注自己，自信心不足。

3.怯懦。怯懦主要表现为缺乏勇气和信心，害怕可能面临的困难和挫折，在挫折、困难面前常常知难而退，甚至不战而败。

4.懒惰。懒惰是不少学生为之感到苦恼并难以克服的一种人格发展缺陷，是意志活动无力的表现。懒惰状态的人也常以此感到内疚、自责、后悔，但又觉得无力自拔，心有余而力不足，这主要是因为他们往往想得多而做得少，缺乏毅力所致。

5.狭隘。凡事斤斤计较、耿耿于怀、好嫉妒、好挑剔、容不下人等。

6.拖拉。拖拉是指可以完成的事而不及时完成。拖拉一方面耽误学习、工作，另一方面并没有使人因此而轻松些，相反往往会导致心理压力，引起焦虑，总觉得有事情没完成，干别的事也难以安心，还会贻误时机。

7.抑郁。情绪低落，郁郁寡欢，闷闷不乐，思维迟缓，兴趣丧失，缺乏活力，反应迟钝，干什么都打不起精神，体验不到快乐。

8.焦虑。被焦虑困扰的学生常表现出烦躁不安、思维受阻、行动不灵活、身体不舒服等症状。

9.虚荣。虚荣心强的人一般性格内向、情感脆弱、自尊心过强，过分介意别人的评论与批评，与人交往时总有一种防御心理，不允许有稍微侵犯，且常会千方百计地抬高自己的形象。他们捍卫的往往是虚假的、脆弱的、不健康的自我，以致无暇来丰富、壮大真实的自我。

10.自我中心。随着自我意识的发展，青年人越来越感到自己内心世界的千变万化、独一无二，他们越来越多地把关注的重心投向自我，尤其是那些有较强自信心、自尊心、优越感、独立感的学生，就比较容易出现自我中心倾向。

审视一下自己的人格，你是否具有以上某些方面的不足呢？

我感觉自己的不足方面是：

____

____

____

____

四、培养健康的人格

（一）认识自我，优化人格整合

首先，我们要认识自己，包括自己的优点和缺点。无论是寂寞地独处，还是在喧闹的人群中，我们都能看到真正的自我，只要留心，我们会慢慢了解自己，也了解自己的潜能和局限，进而明确自己的目标和即将为之付出的努力，不会因高估自己而痛苦。我们的人格存在美好的一面,也有阴暗的角落,因此我们要注意扬长避短,也就是要不断加强我们优秀的一面,比如正直、乐观、坚强、富有爱心等,克服劣质的一面,如自卑、虚荣、悲观、怨天尤人等。

(二)努力学习科学文化知识

荣格有句名言:“文化的最后成果是人格。”培根也有名言:“知识就是力量。”学习科学文化知识、增长智慧的过程也是优化人格整合的过程。事实上,有不少人格发展缺陷源于无知。例如,无知容易使人自卑、粗鲁,而丰富的知识则使人自信、坚强、理智等。培根的论述很深刻:“读史使人明智,读诗使人灵秀,数学使人周密,科学使人深刻,伦理学使人庄重,逻辑修辞学使人善辩,凡有所学,皆成性格。”

重理轻文,是我们目前学校教育的现状,也是整个社会的倾向,可是人文精神的缺失很可能导致人的精神空虚,致使个体难以走出心灵的困境,导致人格品质的失衡。

(三)积极参加实践活动,从小事做起

实践是人格发展的必由之路。无论是知识的获取、能力的形成,还是意志的磨炼,都离不开实践。一个人的一言一行往往是其人格的外化,反过来一个人日常言行的积淀成为习惯就是人格。例如,一个人有刷牙、梳头、洗手、勤换衣服、常剪指甲等习惯,就反映了他具有“清洁”这一人格特质。因此,优化人格整合要从眼前小事做起,无数良好的小事可“积沙成塔”,最终构建成优良的人格大厦。

(四)发展良好的人际关系,融入集体

人格发展、塑造的过程是个体实现社会化的过程,是个体与他人、集体、社会相互作用的过程。人格是在行为中表现的,健全的人格也只有在与人交往中才能体现出来。塑造健全人格,必须发展良好的人际关系:尊重社会习俗、关心他人的需要、真诚地赞美、不做无建设性的批评、多与他人沟通意见、保持自尊和独立等。

(三)锻炼身体,强健体魄

人格发展的过程是体质、心理因素与智力因素协同作用、相互促进的过程,健康的体质是人格健全发展的物质基础。一个体弱多病的人是难以发展健全人格的,拖拉、懒惰、急躁、怯懦等人格发展缺陷与不坚持体育锻炼明显有关。

人格塑造是一个长远的过程。“心诚则灵”,只要我们意识到培养健康人格的重要性,并且用心去感受,用心去做,提高自己的人文素养,就一定能找到适合自己的途径,踏踏实实地去做,终有一天能找到自己,为自己塑造一个健全的人格,构建一

颗纯真的心灵，最终收获生命的幸福。

五、实践与操作

1. 乔布斯是一个有着独特人格魅力的人，课外阅读《乔布斯传》，谈谈乔布斯独特的人格魅力是什么，他能给你的最大启迪是什么。

乔布斯独特的人格魅力：

____

____

给你的最大启迪：

____

____

2. 找一个你最熟悉的人，对照上述人格描述的词语，帮你勾画出自己的人格特征。

____

____

3. 分析一下自己人格中的优势与不足。

____

____

4. 在你的人格特征中，最需要改善的是什么？你有如何改善的想法吗？

____

____

____

第三节　发展健康的个性

韩寒对赛车的钟爱，一点也不少于文学，如果要让他在赛车手、公共话题发言者和作家三种身份中选择两种，被放弃的很可能就是作家这一身份。1999年，韩寒是上海市松江二中的一名高中生。开心农场的联合创始人兼首席运营官徐城，与韩寒曾是邻班同学。因为获得新概念作文大赛一等奖，当时的韩寒在学校已小有名气。给徐城印象最深的是，课间休息时经常会见到韩寒在吃泡面。高中时的韩寒话不多，见到人也不打交道。当时因为韩寒吃的泡面是一个固定的牌子，很多同学也跟着吃，学校里刮起一阵吃泡面的流行风。从一名爱吃泡面的小文青成长为一位“公共知识分子”，韩寒用了十年时间。2006年以前，人们只能通过三番五次闯入畅销书榜的文学作品，来认识青少年作家韩寒。作为一个极端个案，韩寒引发了一轮又一轮的有关学校教育的讨论。2006年韩寒开始写博客，博客内容以对社会热点事件点评为主要内容，短短两年后，韩寒的博客成为中国点击量最大的博客。这位刚刚满27周岁、高中未毕业的“公共知识分子”，不仅赢得了其同时代的“80后”“90后”的拥戴和欢呼，还出人意料地获得了梁文道、艾未未等上一代人的盛赞。而对于“公共知识分子”这个称号，韩寒并不接受，他说自己只是在由着性子来，想什么就说什么而已。

韩寒可以说是有“个性”的代表，他的个性表现为哪些方面呢？你可以到网上搜寻有关韩寒的资料，归纳一下韩寒的“个性”：

一、哪些特点可称为个性?

上海交通大学教授、知名教育专家、知名高考志愿咨询专家熊丙奇把高中生的“个性”概括为六个方面:独立的思维能力、独特的观察视角、坚持做人的原则、同情心与关爱、能力特长、明确的目标。以下为熊丙奇教授关于“个性”的观点阐述:

(一)独立的思维能力

独立的思维能力是个性的根基，没有独立的思维能力，一个人是很难有个性的;一个人很有个性,主要体现在他具有独立的思维,能对事物发表自己独到的见解,熊丙奇教授认为韩寒被一些媒体认为是公共知识分子,甚至有一家《新民周刊》把韩寒评为年度人物,报道的标题定为“选韩寒为市长”,这是由于他的博客文章关注公共事件,发表自己独立的见解,产生了很大的社会影响。可以说,是韩寒的独立思考,成就了他独特的个性魅力。

(二)独特的观察视角

从2002年开始,中国大学生的就业陷入困境,有不少人士指出,其实按照我国的人口总数看,大学生所占比例远远低于发达国家,而且我国高等教育毛入学率也不高,只有23.3%,而发达国家的高等教育毛入学率很早就在50%以上了,而我们的邻居韩国高等教育毛入学率也已经达到90%以上，我国的台湾地区高等教育毛入学率更是达到百分之百。也就是说,在我们国家即使大学生已经不是以前的天之骄子,但也绝不至于沦为路边的小草。为什么那么多大学生无法就业呢?原因有很多,其中有一条就是与大学生自身有关,有不少用人单位说前来应聘的大学生很多,可是这些大学生除相貌不一样之外,他们的思维方式、谈话方式、行为举止都像从一个模子里刻出来,看不出任何个性,从中可见人才的个性成了单位选才用人时看重的地方。年轻人的个性从何体现?就是要有自己独特的观察视角,对同一个问题有自己独特的看法,这需要丰富的知识积累,看问题的多元视角,对事物细节的留心关注。一些同学知识积累不丰富,观察的角度很单一,而且不仔细,错过很多细节,因而人云亦云,浮光掠影。

(三)坚持做人的原则

有个性魅力的人必定是有原则的,现实社会中有些人没有原则,对周围的歪风邪气不反对、不回避,而是主动迎合。受这种风气影响,有的同学也采取这种方式“积极融入社会”,这对于年轻人来说,不仅会将自己变得世故,也很有可能误入歧途。一个没有做人原则的人会逐渐失去理想、失去信念，甚至有可能什么事都敢去做；一个身上没有正气、没有道义的人，也不可能是有个性魅力的人。有的同学认为自己坚持原则会被别人认为是“假正经”“道貌岸然”，对此最简单有效的做法就是不理那些风言风语，坚持做自己就可以了。如果因被人评价为“假正经”“道貌岸然”，就不敢再坚持原则，不敢去做自己认为正确的事，那反而印证了你确实是“假正经”，确实“道貌岸然”，会进一步被嘲笑。当一个人坚持做人的原则，按照自己为人处事的方法做事，周边的冷嘲热讽就会自然而然消失，还会得到更多的尊敬。

（四）同情心与关爱

现在有的高中生在激烈的竞争之中把同学当成了竞争的对象，竞争压力下同学关系变得冷漠，笔记本不愿意外借，担心借了以后别人的成绩会超过自己，有什么辅导材料不告诉同学，参加什么培训班也是悄悄地，还有的学生嫉妒成绩好的同学，甚至有个别学生走极端伤害同学。这种冷漠的关系不应该出现在中学生中。中学生确实有升学压力，但应该是公平公正的竞争，而不是你死我活、互为对手的竞争。如果对同班同学充满仇恨，那和尔虞我诈有什么差别？这种冷漠恶性的竞争只会扭曲人性。

我们的周围有这样的同学吗？“两耳不闻窗外事，一心只读圣贤书，一心只读高考书，一心只做高考题”，忘记了周围的任何事，忘记了自己父母的生日，忘记了生病的爷爷奶奶，忘记了周围邻居也需要支持和帮助。有的同学会说：“是爸爸妈妈叫我一心读书，其他的什么都不要管。”确实是这样，有的家长在爷爷生病时会对孩子说：“没关系的，你不要去看爷爷了，你只要好好学习，就是对爷爷最好的孝心。”还有一些家庭的孩子在乡下的奶奶过世了，孩子本该去见奶奶最后一面，送奶奶最后一程，但是家长对孩子说：“去乡下送奶奶会影响你的学习，奶奶在地下有灵，会知道你的孝心的，你不用去了。”久而久之，一个人就会丧失关爱之心，也没有孝敬之心，成绩、名次，真的就比“探望生病的爷爷”“送过世的奶奶”“帮助邻居”更重要吗？

（五）能力特长

一个人的个性魅力是与他的能力紧密相关的。当一个人的能力很强，往往他的个性能够得到发挥；而如果一个人的能力很弱，他的个性将很难展现。这并不是说只有那些能力强的人才是有个性魅力的人，而是能力强的人更能把握机会展示自己的个性，个人的能力是需要靠自己的努力逐步提升的。要把自己打造成有个性魅力的人，就需要不断提高自己的能力，一个有个性魅力的人，往往也是朝着自己心中的目标，坚持不懈、努力奋斗的人。

(六)明确的目标

一个有个性魅力的人会清晰地知道自己想要什么,目标在哪里。这样的人一般不会做空幻的白日梦,不会超出自己的个性能力范围去追求不切实际的目标。有的人认为自己是个性非常鲜明的人,目标也很远大,但是现实社会制约了自己的人生目标;这样的人缺乏对自己正确的评估,总是夸夸其谈,只是生活在自己编织的美梦中。

所以,一个有个性魅力的人应有独立的思维能力和独特的观察视角,应该坚持做人的原则,懂得同情关爱,具有较强的能力和适合自己的目标,只有这样才能展现一个自信的、积极融入社会的状态。

二、你有对个性认识的误区吗?

(一)炫富

所谓炫富就是拿自己的价值财富四处炫耀,认为自己有钱就财大气粗、有魅力。这完全是对个性的误解，其实个性与家庭的富裕与否没有太大的关系。一个人真正的财富应来源于个人的奋斗，靠自身奋斗获得的成果才是属于自己的,如果把家庭的富裕作为自己有个性的表现,那恰恰是没有个性。

(二)张扬

个性张扬其实并不是严重的问题，但是有一些人过分张扬，不注重周围群体的感受，还故意以不合作的方式来表达自己的独特个性，往往造成与集体不协调，格格不入。这种个性张扬的人由于无法让群体接纳而被孤立，也就谈不上个性。

(三)等级与特权

有一些同学,因为自己的父母是高官、名人,或者自己在学校里担任学生会干部,受老师器重,就自认为在同学中高人一等,有种目中无人的感觉。他们以为这是个人魅力,其实真正有个性的同学是追求平等、从不高高在上的。等级意识和特权意识是与现代社会对合格社会公民的要求背道而驰的。这些人连合格的公民都谈不上,怎么能说是有个性魅力的人呢?

（四）不合群

不合群是人在处理个人和集体关系过程中经常出现的问题之一。不合群有两方面原因。一方面，有可能是这个群体的问题，它让某个人觉得这个群体不愿意让自己靠近。而另一方面，有的同学可能故意不愿意和这个群体接触，有的同学在同班级里没有任何好朋友，却可能与其他班的同学走得很近；有的同学与同宿舍的同学关系很僵，却时常去其他宿舍玩。也许在这些同学看来与其他群体交往才能显示出自己来，其实这不是个性，而是个性的错位。

（五）我行我素

我行我素的人不会在乎周围人的态度，老师的批评、同学的意见、家长的告诫，无论对错，是否合理，他都一概不接受，坚持认为自己是对的。一个人不轻易动摇自己的目标，这是有个性的，但是如果听不进任何人的意见，对自己的不良行为与习惯也一并坚持，就不是个性，而是我行我素、执迷不悟了。

三、实践与操作

1.总体审视一下，自己是一个有个性魅力的人吗？参照对比上述观点，你在哪方面的个性比较突出？

2.自己在哪些方面的个性比较欠缺？如何有意识地培养自己的个性呢？

第四节　学会正确地归因

从小学到初中，我的学习成绩都特别好，经常受到老师的表扬，连邻居们都夸我。中考以后，我被一所重点高中录取。刚进高中时我还信心十足，为自己设计了美好的人生蓝图；但是在强手如林的重点高中，我没有了以前的优势，尽管我学习很刻苦，可成绩最好的时候也只是班上的中等水平，这对于习惯优秀的我是难以接受的。于是我为自己拟定了“重回顶峰”的计划，除了吃饭、睡觉以外，我把大部分时间都用在了学习上，每晚没有看楼老师的催促，我决不离开自习室。可是我下的这份苦功并没有让我如愿以偿，我的成绩几乎没有什么进展。看着身边那些轻轻松松学习就取得优秀成绩的同学，我心里很难过。为什么会这样？渐渐地，我对自己没有了信心，开始怀疑自己的能力，在一次次的失败后，我在心里对自己说："或许我真的不是学习的料。"我甚至有了退学的想法。

一、归因

对于学生来说，谁不愿意自己学习名列前茅，受到老师家长的赞扬和同学的尊敬呢？为此谁又不愿意好好学习呢？但是随着时间的推移，如果经受的失败太多或长时间的努力得不到回报，就会影响学习者的信心，使他们认为自己的能力不足，即使自己再用功也无法让学习成绩提高上去，于是就放弃了努力。从心理学的角度分析，把学习的失败单纯地归于缺乏能力是一种消极的归因方式，不利于学生的学习，无论在学习方面成功还是失败，都有必要进一步去分析成功或失败的原因,这就是归因。

归因就是指人们在行为过程中所进行的因果解释和推论。归因理论是社会心理学家用来解释人类行为的原因或行为的因果关系的理论，对人们的社会行为有着极大的影响。

不仅仅是学习,每个人的生活中都会有不愉快的事情发生。在日常生活中我们都会产生暂时的挫败、失落和沮丧。然而有些人似乎能更好地应对压力事件或将那些事件看作挑战而不是压力源,这和一个人人格中的归因风格有关。

归因风格是指以一种倾向性的方式来解释事件的原因。如果你要了解一下自己的归因风格，就回答以下问题："当事情出现时，你通常应责备谁？"再举个

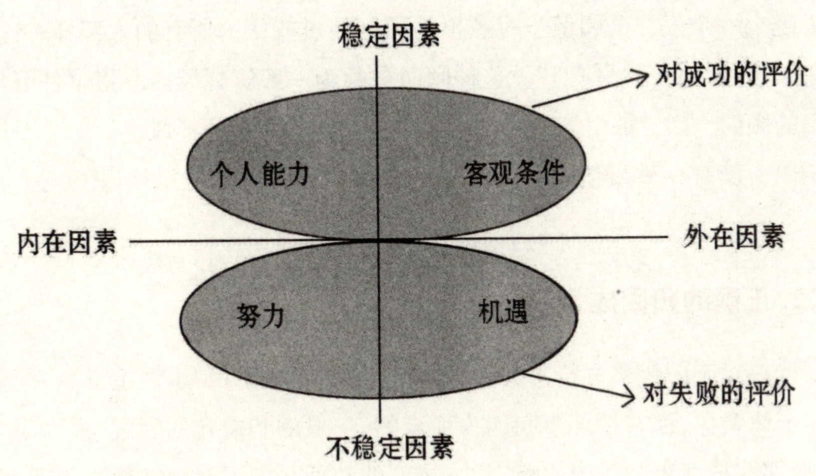

常见的例子：作文写得非常差，是什么原因造成的？是因为碰巧过于匆忙，写完就草草上交了，还是因为你只是不擅长写作？是因为老师的评分标准过于严格，还是你的小狗吃掉了已写好的作文，因此你不得不迅速重写一篇，而这一篇不如被小狗吃掉的那篇好？所有这些解释都是关于事件的因果归因。归因的三个重要维度是外部与内部、稳定与不稳定、特殊与一般。

第一类，原因是内在的还是外在的。成绩差有内在的原因，比如能力不够；还有环境的原因，比如班里学习环境不好。有些人无论发生什么事情都指责自己，经常为自己无法控制的事件道歉。这种趋势被称为内在解释风格。相应的倾向，将事件原因解释为无法控制的环境因素被称为外在解释风格。解释风格越内倾就越容易为不愉快的事情而责备自己，即使是那些你根本就无法控制的事情。

第二类，是稳定的还是不稳定的。例如，假如是因为小狗吃掉了作文而导致低分，那么这就是不稳定的原因，因为小狗不会吃掉你所有的作文。然而如果是因为你缺乏写作技巧，那么这或多或少是持久的。当坏事发生的时候，有人倾向于将事件的原因视作稳定的、长期存在的，这种倾向被称为稳定的解释风格；相反，将事件原因解释为偶然的、暂时的，则被称为不稳定解释风格。

第三类，事件的原因是特殊的还是一般的。特殊原因是那些仅影响特定事件（如写作文）的原因，一般原因则影响生活中的很多事件(所有涉及智力的领域)。例如你可能这样解释作文得分低："我写不了，我不能清晰地叙述一件事情，总是脑子里空空如也，不会联想，没有论据。"这就是个一般性的原因，表明在需要写作的任何工作中，你都会做得很糟糕。使用一般解释容易过分夸大某事，例如某天晚上一个人在公园散步时被抢劫了，他可能认为所有的人都坏——"人类本性是恶劣的，是不可信的"。这种倾向被称为一般解释风格。将事件解释为特定原因的倾向，如"那个抢劫的人是坏人"被称为特殊解释风格。

所以，面对一件事情的结果，每个人提供的解释都可以从以上三个方面去分析。

二、正确的归因成为我们发展的动力

皮特森对归因风格进行了大量的研究，他更倾向于用"乐观主义"一词来谈论归因的个体差异，那些把坏事归因为稳定的、一般的和内在的因素，被称为悲观主义者，而那些把坏事归因为不稳定的、特殊的和外在的因素则被称为乐观主义者。

乐观主义者认为生活事件是不稳定和具体的,所做的事确实能够影响生活的结果;相反,悲观主义者认为当出现不好的事情时,他们无能为力,坏事情有稳定的原因,反过来,也会对生活的各个方面产生负面影响。因此,悲观主义者认为他们的行为对生活结果无法产生改变。将坏事归因于不稳定、特殊和外在原因解释风格的乐观主义者则更倾向于认为,自己会在大部分生活领域有所成就。悲观的感觉会使个体采取消极无助的行动,而不是积极适当的活动,悲观者的社会支持较少,因为他们会躲避社会关系或者欠缺社交技巧。

另一个与乐观主义相关的概念是自我效能感,由班杜拉提出。自我效能感是指对自己能采取必要行动来达到期望结果的信念,亦指认为自己有能力通过努力去获得特定成果的信心。例如,有些人有能够攀登珠穆朗玛峰的信念和信心——这种主观感觉,即对采取必要行为去攀登山峰的积极欲望,就叫作自我效能感。

有两位心理学家曾对某些患有失眠症的患者做了一个心理学的实验。在这些失眠者入睡之前,心理学家让他们服下一颗无任何疗效的糖丸。然后心理学家把失眠者分成两组,并告诉第一组失眠者,说药丸有令人兴奋的作用;而告诉第二组失眠者,说药丸将起催眠作用。实验结果显示第一组比第二组更快地入睡。为什么呢?原因在于,第一组的失眠者会把自己难以入睡的原因归因为"令人兴奋"的药丸,而不是像以前一样习惯地归因为自我本身,如适应力差、神经衰弱等,所以心里非常坦然,他们反而很快地入睡了。相反,第二组的患者,因为服用了想象中的能使人"尽快入睡"的药丸之后,依然还是那么兴奋不安,于是,先前那种自我损害偏向的归因机制就被激活,他们推断这完全是自己的神经系统出了什么毛病,怀疑自己的适应能力,自控能力已经到了非常糟糕的地步,而这种不安与自责更加重了他们的神经系统的兴奋和紧张,于是失眠就成了难免的了。

这个实验就说明了自我效能感的作用——自我肯定和期待会产生巨大的动力。

能力、努力、任务难度和运气是人们在解决问题成功或失败时知觉到的四种主要原因。

在学业上,如果我们能将成功归

因于能力强和努力的结果，而将失败归因于没有付出努力，这就是积极的归因方式，对于个体的成就状况有积极的促进作用。这是因为将成功归因于能力会使个体产生自豪的体验，强化对未来成功的期待，将失败归因于努力不够会使个体坚信：成功可以通过努力获得，建立对未来成功的信心，并激发其内在的学习动机。而将失败归因于运气差、缺乏能力等其他情境因素则是消极的归因方式，因为将失败归因于缺乏能力会使个体产生自卑和羞耻的情感体验，对未来成功缺乏信心，忽视努力在成功中的作用，面对困难挫折和失败缺乏坚持性。开头案例中的学生把学业成败归因于缺乏能力，因而失去对学习的信心，造成了后来学习成绩差的恶性循环，甚至有了退学的念头。实际上，根据该同学在小学和中学的出色表现，不能笼统地概括为缺乏学习能力。导致他学习成绩不佳的真正原因可能在于他的学习习惯和方法存在问题，而这些问题又都是可以改进的，不是不可控制的因素。也就是说，完全可以通过改变自己的学习习惯和方法来提高学习成绩，而不是单纯地依靠增加学习时间来提高成绩。

心理学家张铁忠教授等人发现中学生对学习成败的归因主要有以下六种类型：

1. 把失败归咎于自己脑子笨、能力差等稳定的因素，这种归因会使自己丧失信心，自暴自弃，放弃努力。

2. 把失败归咎于自己不努力等不稳定的因素，这种归因会使自己重燃希望，变得努力。

3. 把失败归咎于学习难度大等稳定因素，这会使自己学习积极性受影响，甚至会对相应的学科失去信心。

4. 把失败归咎于运气不好等不稳定因素，这可能会使自己重新树立信心。

5. 把成功归因于运气好等外在因素，这会使自己产生侥幸心理，下次不一定会努力。

6. 把成功归因于自己能力强、努力程度高等内在因素既可能使自己满意自豪，也可能使自己产生骄傲自负的情绪。

由此可见，错误、消极的归因使人总是一味地怪罪客观条件，很难真正吸取教训，容易使人重蹈覆辙；正确的归因能使人做到胜不骄、败不馁。在学习和工作中，应该更多地把成功归因于努力程度和现实因素。

不要活在过去，为过去的事情后悔自责；也不要活在未来，为明天的事情焦虑不安，而是要活在当下，看看现在可以做些什么，行动起来。

三、实践与操作

你了解自己的归因倾向吗？自测一下吧。如果你认为符合自己的情形，请在题号后面打钩。

学习成绩不理想，是因为：

1. 家中无人指导我解答疑难作业
2. 学习科目过于枯燥
3. 家里环境差，没法学习
4. 父母不关心自己的学习
5. 班级学习风气不好
6. 学校令人讨厌
7. 老师的教学方法不适合自己
8. 运气不好，复习的内容没考
9. 考题总是太难
10. 不喜欢任课老师
11. 平时养成了散漫的习惯，不愿学习
12. 没有有效的学习方法
13. 情绪不稳，常被无端情绪干扰
14. 缺乏恒心和毅力
15. 不会妥善安排学习时间
16. 学习基础不好
17. 自己努力不够
18. 身体不佳，无法集中精力学习
19. 对学习没有兴趣
20. 本身能力不够

如果你倾向于选择前10个答案，那么你是一个外部控制的人，也就是说你习惯于把事情的成败归因于外部；如果你倾向于选择后10个的答案，那么说明你善于从自己内部总结事情成败的原因，你是一个内部控制的人。

自我反思：

1. 基础知识掌握的水平：________________________________

____

2. 我对所学科目的兴趣和价值认定：

____

3. 我每天用于学习的时间：______________________________

____

4. 我是否有学习目标和学习计划，学习计划是否合理？

____

5. 课堂学习中，我是否经常会产生问题，这些问题是通过什么方式解决的？

____

6. 课堂之外我的学习习惯是什么？

____

策略：

1. 无论成败，都必须首先稳定情绪，冷静后再分析影响你成败的原因，不要主观臆断；

2. 一般情况下都是首先从内部找原因，激发自我责任感，不要一味埋怨外部环境，也不要一味自责，大包大揽；

3. 要尽量找自己可以改变的原因，不要过多归因于不可能改变的因素。

第五节　走出自卑的阴影

我是一个高二的男生，长久以来自卑感一直折磨着我。小学升初中时，我从县城来到省城，感觉周围的许多孩子都比我强，他们有特长，善于表达。初中毕业我考入重点高中，学习也能保持中游偏上，但是我发现不少同学轻轻松松地就比我学习好；不仅如此，他们懂的也很多，比如游戏，比如一些与手机功能相关的技术。我常想是不是我的智商比较低，我和他们在一起会不会被轻视，于是在人群中我不敢随意说话，怕被耻笑，而且我感到自己在人群中也不受欢迎。高中生活让我感到很压抑。

一、我们为什么会自卑

世界上很多人都是因为对自己信心不足，过于自卑，从而不能走出困境。他们像幼草一样脆弱，自卑的人并不一定是因为自身有缺陷或是短处，只是无法激励自己，常常认为自己低人一等，从而不喜欢自我，导致别人也不重视自己，最后更加自卑，形成恶性循环。

通常情况下，如果一个人表现出忧郁、悲观、孤僻的情绪时，他就可能产生了某种自卑感。但也有相反的情况，例如，当人的某种缺陷受到人们的嘲笑、侮辱时，这种自卑感则会以暴怒、自欺欺人的畸形方式表现出来。自卑感强的人害怕别人伤害自己，所以事事回避，处处退缩，不敢抛头露面，害怕当众出丑。事实上，自卑者无论在生理方面或能力方面，并不一定就很差，那么他们的自卑感是如何形成的呢？

1.自我认识不足，自我评价过低。每个人总是以他人为镜子来认识自己，也就是说，人们总是根据他人对自己的评价，通过自己与他人的比较，认识自己的长短和优劣。自卑感强的人更习惯于拿自己的短处与他人的长处相比，当然事事觉得自己不如人，越比越泄气。由于他们喜欢反省自己，所以对自己的不足了解较多，于是力求自我完善，迫切地想改正自己的缺点，因而对自己要求较严。但是，越严越觉得自己不足，只看到自己的不足而忽略了自己的优点，这样就会形成消极的自我评价。

2.消极的自我暗示抑制社交中的自信心。当我们在交往中面临一种新局面时，首先会自我衡量是否有能力应付，在一个新班级，我们可能就会想一想：自己的成绩在班里能排在什么位置？能否与别人搞好人际关系？如果不能够正确地认识自己，常有一种我不行的感觉，这样消极的自我暗示就会降低自信心，于是总感到紧张，产生心理负担，在社交中就会放不开手脚，从而限制能力的发挥；越是这样，就越难与别人交往，导致社交失败，这种结果又会形成一种消极的反馈，使自卑者消极的自我认识更加深刻，形成一种固定的心理暗示，这种恶性循环将使自卑感进一步加深。

3.挫折的影响和生理方面的缺陷，也会使人对自己缺乏信心。

二、让自卑不再成为生活的阴影

严重的自卑感会造成人的心理疾病，给工作、学习和生活造成极大危害。但自卑感不是不可调节的，可以从以下几个方面着手：

1.客观地认识自己，提高自我评价。要善于发现自己的长处，肯定自己的成绩，客观地评价自己和他人，正确对待自己的缺点和不足，积极参加各种社交活动。

2.正确认识社交自卑感，增强克服自卑感的信心。在人际交往中，比起狂妄自大的人来，自卑者要讨人喜欢得多，因为他们往往很谦虚，善于体谅他人，少与人争

什么时候放下了，什么时候就没有烦恼！

打开自我封闭的盒子，接受不完美的自己，发现忽略已久的优点，朝更好的方向走去！

名夺利,安分随和,做事小心谨慎,稳妥细致,一般人都比较相信他们,并乐于和他们相处。自卑者应当认识到自己的这些优点,只要相信自己能够克服自卑心理,就一定能够成功。

3.进行积极的自我暗示,自我激励。积极的自我激励就是说即使自己处在不利的地位上也要鼓励自己,增强信心,而不要事先就过多地去想失败后自己将会怎样难过,怎样没脸见人,因为这些消极的情绪会使人失去勇气和信心;同时还要注意暗示自己,凡事不应当期望太高,要以实现小目标、获得小小的满足开始,只有从小小的成功中不断获取胜利的信心,才可能摆脱自卑的阴影,走向自信。一个人若是没有受到激励,仅能发挥自己能力的10%~30%,那么受到正确而充分的激励,就能发挥自身能力的80%~90%。最经常、最廉价、最可靠的激励来自于自我激励,自我激励是行动的催化剂和兴奋剂,掌握了自我激励,就把主动权掌握在自己的手中。一个善于自我激励的人往往是一个乐观的人,乐观就是以宽容、接纳、愉悦和积极的心态去看待周围的现实世界,它能很好地促进人的身心健康。美国两位心理学家米勒和戴尔纳通过认真调查研究认为:自我控制能力强且性格外向的人,更易与他人交往。你可以通过下列方法来提高乐观主义的信念:以不同的方式与自己对话,通过改变自己的信仰来让自己变得更乐观;发现工作(学习)的意义,相信自己工作(学习)很重要的人比认为自己工作(学习)没有价值的人积极性更高;一些人还通过帮助别人,激发自己的创意,发现自己的价值。

4.积极与他人交往。通过积极地与他人交往,就会感受他人的喜怒哀乐,心胸也会变得开阔,可以向他人倾吐心声,并了解他人的长短,在比较中正确认识自己;尤其是要有意识地同性格开朗、乐观豁达、尊重人、关心人的人交往,对于克服社交自卑感更有益处。

5.从改变自己的行为习惯入手。自卑的人往往走路时低头、眼神躲闪,尽量找人少的地方走路,一般也不正视前方,尽量避免和人打招呼。那就从改变自己的习惯入手吧,抬头挺胸走路,经常快步行走,让运动的活力充斥你的心胸,感受一种自信;也可以经常照照镜子,凝视自己的眼睛,用坚定的信念让自己的眼睛发光,让自改变戴着有色眼镜看世界的习惯，你会发现，天更蓝，山更青，阳光更灿烂。

己的眼睛里投射出自信的光芒。看看自己的站姿和形体，每天问问自己：微笑了吗？走路还含胸驼背吗？许多时候行为可以改变人的信念。

三、实践与操作

日常中小动作可以帮助你克服自卑。

1. 突出自己，挑前面的位子坐。坐在前面，能帮助我们建立信心。敢于将自己置于众目睽睽之下，就必须有足够的勇气和胆量，久而久之这种行为就成了习惯，自卑也就在潜移默化中变成自信；另外坐在显眼的位置就会放大自己在老师视野中的比例，增加反复出现的频率，起到强化自己的作用，把这当作一种习惯试试看，从现在开始有机会尽量往前坐，虽然坐前面会比较显眼，但要记住有关成功的一切都是显眼的。

2. 睁大眼睛，正视别人。眼睛是心灵的窗户，一个人的眼神可以折射出性格，透露出情感，传递出微妙的信息：不敢正视别人，意味着自卑、胆怯、恐惧；躲避别人的眼神，则折射出阴暗、不坦荡的心态，正视别人等于告诉对方："我是诚实的、光明正大的，我非常尊重你。"正视别人是积极心态的反映，是自信的象征，更是个人魅力的展示。

3. 昂首挺胸，快步行走。许多心理学家认为人类行走的姿势步伐与其心理状态有一定关系，懒散的姿势、缓慢的步伐是情绪低落的表现，是对自己、学习、工作以及对别人不愉快感受的反映。倘若仔细观察，你就会发现身体的动作是心灵活动的结果。那些遭受打击、被排斥的人走路都拖拖拉拉，缺乏自信，反过来通过改变行走的姿势与速度，有助于心境的调整，又表现出超凡的信心，走起路来应比一般人快，将走路速度加快，就仿佛告诉整个世界："我内心充满了力量，我要到一个重要的地方去做很重要的事情。”步伐轻快敏捷、身姿昂首挺胸会给人带来明朗的心情，会使自卑逃遁，自信提升。

4. 练习当众发言。在公众场合沉默寡言的人一般认为：“我的意见可能没有价值，如果说出来别人可能会觉得很愚蠢，我最好什么也别说；而且其他人可能都比我懂得多，我并不想让他们知道我是这么无知。”这些人常常会对自己许下渺茫的诺言：“等下一次再发言。”可是他们很清楚自己是无法实现这个诺言的，每次的沉默寡言都是又中了一次缺乏信心的毒素，让自己越来越丧失自信。尽量发言会帮助增加信心，不论是参加什么性质的活动，每次都要主动发言，有许多原本木讷或口吃的人都是通过练习当众讲话而变得自信起来，当众发言是信心的“维他命”。

5. 学会微笑。大部分人都知道笑能给人自信，它是医治信心不足的良药，但是仍有许多人不相信这一套，因为他们在恐惧时从不试着笑一下。真正的笑不但能治愈自己的不良情绪，还能马上化解别人的敌对情绪。如果你真诚地向一个人展颜微笑，他就会对你产生好感，这种好感足以使你充满自信。正如一首诗所说：“微笑是疲倦者的休息，沮丧者的白天，悲伤者的阳光，大自然的最佳营养。”

自我反思：

1. 一直以来有哪些方面令你感到自卑？

2. 当达到什么样的目标后，你就不自卑了？

3. 你为什么认为自己可以达到这样的目标？

4. 哪些时候自卑是因为你选错了参照对象，其实你的自卑是没有必要的？

5. 你的哪些方面自己可以接纳？哪些方面你觉得可以通过增加行动获得改变？

审视一下自己的行动路线吧：

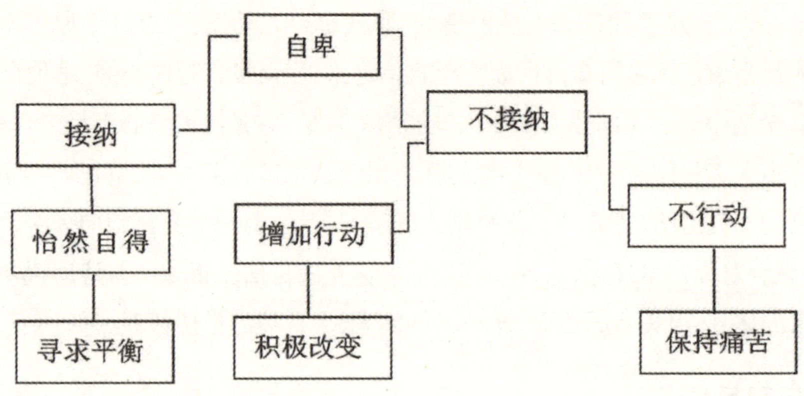

第六节　不给消极情绪留有余地

我是一个多愁善感的人，在班级里几乎不怎么说话，同学们都觉得我难以接近。我也认为自己好像有些不正常，好像生活总是被一种消极的情绪笼罩着，只要遇到一些不顺心的事，就会左思右想、难以解脱，有时甚至一连好几天，莫名其妙地闷闷不乐、情绪低落，真是见花落泪、看树伤心。长辈、朋友都劝我遇事要想开一些，不要总是被许多事情困扰着，要保持良好心境，否则会影响身体健康。情绪不好会影响身体健康吗？问题是我不知道该如何改变这种状况。

一、什么是情绪？

从心理学的观点来看，人的情绪是对客观事物的一种特殊反应形式，是人对客观事物是否符合自己需要的态度体验，这种体验往往以语言、姿态以及面部表情和行为的骤然变化表现出来。

我们每个人都经历过美好时光和艰难的日子，高兴、悲痛、骄傲、惭愧、热情和内疚，这些都是情绪的具体表现。日常的行为表现会显示，我们的感觉如何被情境左右，好事发生时，我们快乐；把一些事情做好时，我们感到自豪；发生不幸事件时，我们会悲伤。但是，如果我让你说出你认识的人中有谁总是处于良好的心境时，我猜你会毫不费力地说出一例；同样，人们也能很容易地想到一个“悲观的人”“自信的人”“牢骚满腹的人”等。换句话说，略加思考，我们就会很清楚地看到，虽然每个人都体验着范围广泛的积极情绪和消极情绪。但我们还是能够找出可以把一个人与他周围的人区别开来的相对稳定的情绪模式。研究者发现情绪主要围绕两个基本维度构成：一个维度为积极情绪，在这个维度的一端我们可以找到积极、满足和满意这样的情绪；处于另一端的人则表现为悲伤或无生气，这一个维度为消极情绪。

下列是常见的强烈情绪表现：

活跃、悲伤、害怕、兴高采烈、热情、敌意、兴奋、神经过敏、精神饱满、紧张、坚强、轻蔑。

我们是不是很容易地就把这些词分成了两类？是的，“活跃、兴高采烈、热情、兴奋、精神饱满、坚强”，这些词汇所描写的都是强烈积极情绪；“悲伤、害怕、敌意、神经过敏、紧张、轻蔑”，这些词汇所描写的都是强烈消极情绪。

二、什么是情绪智能？

当我们接收到一个刺激（眼睛看见的或身体感受到的）时，我们的小脑会自动地产生一种生物生理化学反应，这就是情绪。

比如，当我们漫步在一个风景优美、空气清新的森林公园里时，我们会自然而然感到心情舒畅，这样的情绪让我们脚步平稳悠闲，身体动作自然放松。而如果此时你突然听见一声狼的嗥叫或一头凶猛的野兽突然出现在你面前，你的情绪就会立刻转为恐惧紧张，所采取的行动则有可能是发出恐惧的尖叫，转身逃跑。

上述这两种情绪及行动的发生状况其实就是我们的小脑自发反应而形成的，所以情绪的产生是源自小脑的一种完全自发自动的生物生理化学反应，这是属于我们生理上的一种自我保护的原始机制。由小脑产生的情绪所引发的行动，并没有经过我们的数理逻辑的分析中心——大脑的思考，因而由此所采取的行动是被动的，非理性的，我们称之为“条件反射”，从条件反射到经过大脑分析后采取理性行动就是情绪智能的反应，这个过程的时间差大约六秒钟，也就是说当小脑自发产生情绪后需要6秒左右的时间才能将信息传递到大脑，进而由大脑进行逻辑分析，做出理性判断，采取行动。由大脑对小脑的情绪进行理性分析后才选择采取行动的能力，就是情绪智能，即情商。

卓别林在深夜回家的途中遇到了携带手枪的歹徒，他的第一个念头就是转身逃跑。但是在迟疑片刻之后，他把自己的钱包交出来，并且可怜兮兮地请求劫匪："你在我的帽子上打两枪吧，我好向我的老板交差。"歹徒二话不说拿起他的帽子就打了两枪。卓别林又请求说："这样不够惨，你在我的裤腿上再打两枪吧。"歹徒不耐烦地对着卓别林的裤脚又开了两枪。卓别林脱下外套，又接着请求："你好人做到底，在我的外套上再打两枪吧。"歹徒恼怒地对着卓别林的外套开枪，却发现子弹都用光了。见此状况，卓别林拔腿就跑，成功脱险。

在这个例子中，卓别林转身就跑的冲动是未经理性控制的情绪，而后交钱以求自保，诱使歹徒用完子弹，从而成功脱险的心理活动，就是情绪的智能处理过程。情绪智能是识别、面对和运用情绪引导思考的一种能力。每个人都有自己的小情绪，但并不是每个人都会养成坏脾气，关键还是看个人控制情绪的能力。逆境中，最大的敌人是无法控制消极情绪。卡耐基说过："在我们生命中的每一天，所有的人都必须学会管理情绪。因此，我毫不犹豫地将情绪管理称为人生中的第一管理。"

三、如何才能管理好自己的情绪呢？

当我们的消极情绪来临的时候，不要一味听从本能的反应，而是要运用我们理性的智慧。

1.认识情绪，培养积极心态。心理学认为，情绪的产生并不是诱发事件本身直接引起的，而是经历这一事件的个体对这一事件的解释和评价所引起的，这就是著名的情绪理论"ABC理论"。例如，因为做了错事便认为自己无能，于是感到很自卑，在这里做错的事就是事件A，认为自己无能就是对这件事的评价和解释B，自卑就是因为认为自己无能而引起的情绪体验C。该理论认为，改变你对该事件的解释和评价就可以改变你的情绪体验。要培养积极的心态，一是要明白情绪的产生是一种正常的生理现象，是你的内心需要是否得到满足的外在表现。因此，你需要清楚地认识你的需要是什么以及你的需要是否是你的能力所及和你的需要是否达到"三好"——我好、你好、大家好。二是要善于从负面事件中提取正面信息。任何事件都会有正负两方面的信息，自卑的人看到的大多是负面的信息，而自信的人看到的大多是正面的信息。

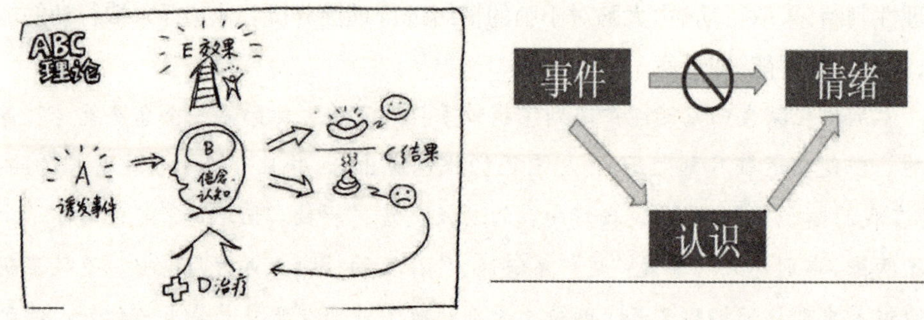

2.直面不良情绪。要控制消极情绪,必须在最开始时就承认它们,消极的情绪一旦发生,就是在告诉你,你的生活出现了问题,并且,这可能会迫使你观察自己的生活,并对其做一些改变。此时,应该倾听情绪发出的声音,千万不要在心理上把它看成消极的东西;你要把它看成一种提醒,保持警惕并尝试改变,否则消极的情绪一经积累,其消极后果将更严重。

3.打开心理控制阀门。当消极情绪出现时,你可以打开心理控制阀门,引导宣泄这种不良情绪。相关方法有很多,如语言倾诉,找人交谈,这样能够使心理压力得到有效释放,恢复心理平衡。人如何表达情绪,对他们怎样和别人相处有重要影响。人们越多地表达自己的情绪,在情感和亲友关系中遇到的问题就会越少。沟通有助于交往中的伙伴了解自己的感受,也有助于人际关系的和谐和满意。能自如地表达情绪的人在理解他人情绪时较少感到困惑。情绪表达对心理健康也是很有益的:心理研究表明,高表达的人比低表达的人体验到的快乐更多,焦虑和内疚更少。

4.积极转移。心理学研究表明,当一个人产生某种情绪时,头脑里就会出现一个较强的兴奋区, 这时如果另外建立一个或几个兴奋区就可以抵消或冲断这个较强的兴奋区,这就是积极转移。所谓积极转移,就是当一个人不能实现目标或遭遇挫折时,可以通过另一种心理活动祛除心中的忧愁、痛苦和沮丧。积极转移分为目标转移、情境转移和环境转移。目标转移是指此路不通时另觅他路,当付出千辛万苦的努力依然屡遭失败时,不要灰心丧气,不妨重新设定一个目标,代替原来的目标。所谓情境转移,就是当消极情绪出现时,可以参加愉快的活动,或者把注意力转移到其他事情上,比如听听音乐、打打球、看看电影等。环境对人的情绪也起着重要的影响和作用,不同的光线、声音、气味、色彩等,会使人产生截然不同的心境。当你受到挫折或心中充满不良情绪时,可以去接近大自然,让自己的消极情绪消弭于无形。

有专家指出，大多数情况下，人们会无意识地把消极的情绪积滞于内心，不知不觉被这些消极能量蚕食着身心。面对这种情况，最重要的是掌握升华的技巧，你便能巧妙地将其转化为创造性的力量，从而使自己摆脱消极情绪的折磨。所以，当消极情绪产生时，要积极引导和升华。如果你不能有效地控制和引导消极情绪，它就会像一匹脱缰的野马那样肆意狂奔，随意践踏你和他人的心灵；如果你能驾驭它，并将其引向有利的一面，它就能日行千里，释放出很大的能量，你也将从长期困扰的逆境中解脱，阔步迈向成功的人生大道。

四、实践与操作

1.面对负面事件要坚持“四不原则”。

(1)不责备：责备会激发对方的自我防御机制，对解决问题无效。要清楚地描述这件事，并坦诚地表达你的感受和希望。

(2)不逃避：只有面对才能成长。

(3)不遗忘：越想忘记，就越是忘不了，承认负面事件的存在，当下该做什么就去做什么。

(4)不委曲求全：委曲求全是放弃自己的利益来获取某些结果，而不委曲求全，是在不伤害别人的前提下维护自己，做自己想做而又能做的事。

2.你在生活中有哪些有效控制情绪的方法，尝试着做一个这样的思维模式图吧。

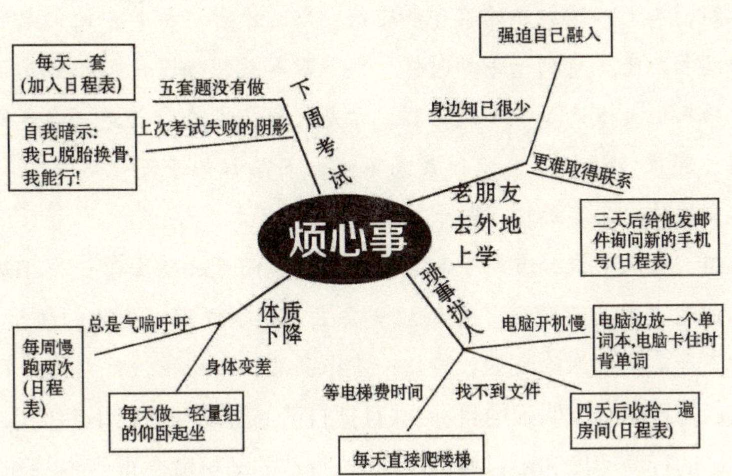

第七节　拥有自我发展的强力发动机

《爱丽丝漫游奇境记》中有一段爱丽丝和猫的对话：

爱丽丝："请你告诉我，我该走哪条路？"

猫："那要看你去哪里。"

爱丽丝："去哪里无所谓。"

猫："那么选择哪条路也无所谓。"

对于这段对话，你怎么看待？

当一个人没有目标的时候，别人也无法帮助你。天助先要自助，当一个人没有目标方向的时候，别人说得再好也只能是别人的观点，不能转化为自己的有效行动。

一、目标和动力

曾有人做过一个实验，组织三组人让他们分别沿着公路向10公里以外的三个村子步行。

第一组，人们不知道村庄的名字，也不知道路程有多远，只被告知跟着向导走就行。刚走了两三公里就有人叫苦；走了一半，有人几乎愤怒了。他们抱怨为什么要走这么远，何时才能走到一半。有人甚至坐在路边不愿走了，越往后走，他们的情绪越低。

第二组，人们知道村庄的名字和路线，路边没有里程碑，他们只能凭经验估计行程时间和距离。走到一半的时候，大多数人就想知道他们已经走了多远，比较有经验的人说大概走了一半的路程，于是大家又催着向前走，当走到全程的四分之三时，大家情绪低落，觉得疲惫不堪，而路程似乎还很远。但有人说快到了，大家又振作起来，加快了步伐。

第三组，人们不仅知道村子的名字和路程，而且公路上每一公里就有一块里程碑。人们边走边看里程碑，每缩短一公里，大家便有一小阵的快乐。行程中，他们用歌声和笑声来消除疲劳，情绪一直很高涨，所以很快就到达了目的地。

当人们的行动有了明确的目标，并且把自己的行动与目标不断加以对照，清楚地知道自己的行动速度和距目标的距离时，行动的动机就会得到维持和加强，人就会自觉地克服一切困难，努力达到目标。

所以，有了目标才会有持续的动力。

二、目标的十大作用

1.目标产生积极的心态。目标给你一个看得见的彼岸，随着你实现这些目标，你就会有成就感，你的心态就会向着更积极主动的方向转变。

2.目标使你看清使命、产生动力。有了目标，对自己心中喜欢的世界便有一幅清晰的图画，你就会集中精力和资源于你所选定的方向和目标上，因而也就更加热心于你的目标。

3.目标使你感觉到生存的意义和价值。人们处事的方式主要取决于他们怎样看待自己的目标。如果觉得自己的目标不重要，那么所付出的努力自然也就没有什么价值。如果觉得目标很重要，那么情况就会相反。如果你心中有了理想，你就会感到生存的重要意义。如果这个理想又是由一个个目标组成的，那么你就会觉得为目标付出努力是有价值的。

4.目标使你把重点从过程转到结果。成功的尺度，不是付出多少努力，而是获得多少成果。

5.目标有助于你分清轻重缓急、把握重点。没有目标，我们很容易陷入跟理想无关的现实事务中，一个忘记最重要的事情的人会成为琐事的奴隶。

6.目标使你集中精力。目标对当前工作具有指导作用，也就是说现在所做的必须是实现未来目标的一部分，因而让人重视并把握现在。

7.目标能提高激情，有助于评估进展。目标是我们心中的想法，具体化更容易实现，学习和做事也会心中有数，热情高涨。目标，同时提供了一种自我评估的重要

手段及标准，你可以根据自己距离目标有多远来衡量取得的进步，测知自己的效率。

8.目标使人产生信心、勇气和胆量。信心、勇气和胆量来自于“知彼知己”。对目标及实现过程的清晰透彻的认识，必然会使你从容不迫，在挫折面前勇不退缩。

9.目标使人自我完善、永不停步。自我完善的过程其实就是潜能不断发挥的过程，而要发挥潜能，你必须全神贯注于自己的优势，最大限度地集中精力。当你不停地在自己有优势的方面努力时，这些优势就促进了你的成功。

10.目标使你成为一个成功的人。美国19世纪哲学家爱默生说：“一心向着自己目标前进的人，整个世界都给他让路。”

三、制订适合自己的目标

高中生的学习目标从时间上分，包括长期目标、中期目标和近期目标。长期目标可以5~10年为期，中期目标以3~5年为期，而近期目标则以半年到一年为期。具体来说，高一的时候要制订5~10年的长期目标，就是大学毕业之后想做什么，是考研、出国还是创业、就业，如果是就业，想从事什么职业；要制订3~5年的中期目标，就是高中毕业时想考大学还是出国，考大学的话，想上哪所大学，通过哪种方式进入这所大学；还要制订半年到一年的近期目标，就是高一应该完成哪些任务，达到怎样的学习效果。当然，每个人的时间观念可能不同，有的人的长期目标可能以3~5年为期，中期目标以半年到一年为期，而短期目标则是一个月到半年中的目标。不管怎样界定，有一点是共同的：长期目标、中期目标和短期目标是一体的，不是互不相干甚至彼此矛盾的。自己的个性与能力要同大学的学习要求、大学的考试制度、高中升学考试的具体要求这些我们所处的教育环境相统一，这样才能确定适合自己的目标。

制订适合自己的目标，需要对自己的个性、能力、家庭状况、教育环境等多方面因素进行综合分析，而检验目标是否合理也可以根据这几方面因素。如果目标是自己想要的，但是能力不及，这

样的目标与能力不匹配；如果目标是自己想要的，但是家庭条件不能支撑，周围教育环境和经济环境有限制，这样的目标可以暂时搁置一旁，要通过经济环境的改变，给这样的目标重启提供条件。只有与自己的兴趣、能力相匹配，而且家庭经济环境可以支撑的目标，才是最适合自己的目标，要做到对上述因素的充分分析，在确定目标的前、中、后，最好能与周围的同学、朋友、家人、老师交流沟通，听取他们的意见和建议。通常情况下，一个人在制订目标时爱走两个极端，一个极端是自己毫无想法，把制订目标的事全盘交给父母；另一个极端是全然不顾周围人的建议，我行我素。把周围人当作高参，自己是决策者，这才是最适宜的制订规划的方式。很多时候我们对自己并不一定准确了解，也不知道自己具备什么样的潜能，周围师长和朋友的建议将帮助我们更好地认识自己，这对完善规划不无裨益。当然，结合自己的个性能力以及家庭情况订出的目标并不是只有一个，可以有很多个，对这很多个目标可以进行再优化，从中选择最佳的目标。

没有目标就无法选择；没有目标就没有动力。

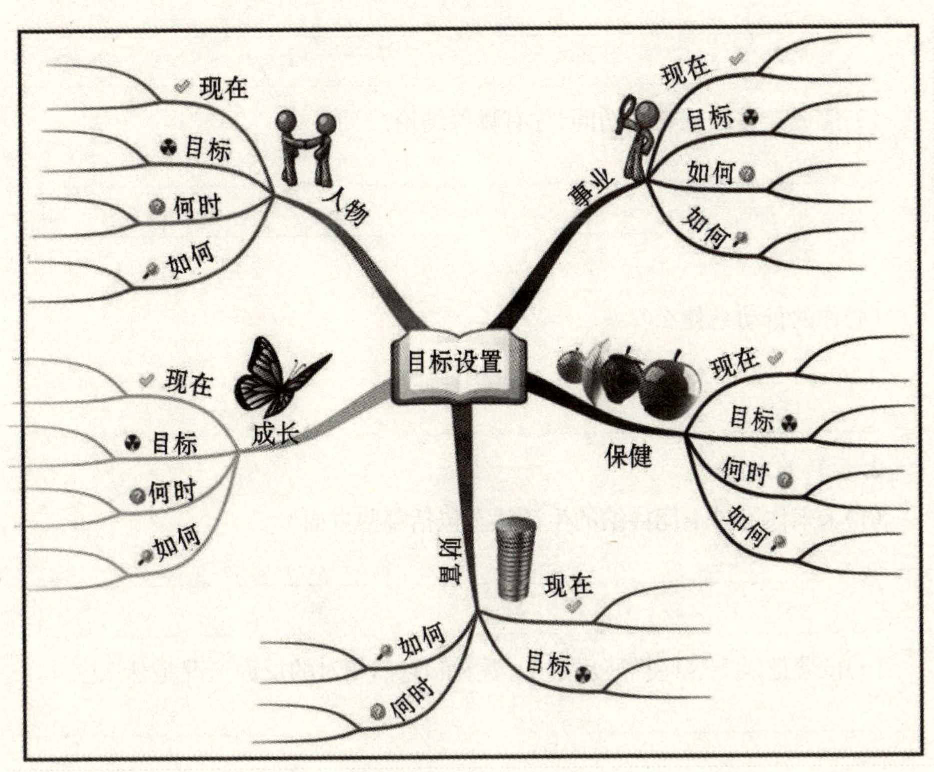

思维导图帮你制订自己的目标

四、实践与操作

1.榜样的力量

(1)每个人的周围都有些学习和工作出色的人,观察一下他们的特点:

(2)做个采访吧,看看他们的远期和近期的目标:

将来想做什么?

了解这所大学吗?

想报哪个专业?

对这个专业了解吗?

学习的目标是什么?

这个学习目标分阶段吗?

(3)完成上述的观察和访问,你有哪些结论?

(4)你的行动是什么?

2. 反转的力量

(1)未来你绝对不能接纳的生活状态包括哪些方面?

(2)试着把以上这些描述反过来,看看和它们相对的反面情况是什么。

(3)通过这些方面的描述，你会发现你内心追求的生活。

3.寻找自己的价值观

(1)天上地下，古往今来，无论传说历史还是电视电影，无论伟人、明星还是普通人，包括周围的亲朋好友，列出你最敬佩或者欣赏的五个人：

(2)分别用3到5个关键词来描述这五个人身上吸引你的特点或品质：

(3)将以上出现频率最高的词语或者意思相近的词语概括为三个词：

(4)描述你对这三个词的理解：

(5)这三个词也许就是你心中的人生价值观，为了实现这个目标，你接下来可以为此做什么样的准备呢？

人生漫漫，有很多岔路口，每经过一个岔路口，我们都会驻足问自己：哪条路才是我想要的？哪条路才能实现成功？沿着不同的方向，会有不同的结果。

有了目标，做事更有计划性；

有了目标，做事更能提高效率；

有了目标，做事更加积极主动。

第二章

拥有良好的人际关系

第一节　人际交往中的效应

刚入学的新生常常会出现一些问题，特别是在宿舍，由于彼此的生活习惯不同，不能相互理解，生活在这一团体中会感到有些别扭。有的同学被室友孤立，感到很苦恼："也不知是怎么了，可能是我不大注意自己的说话方式，我感到大家开始用讽刺的口吻跟我说话。我若无意说了哪位同学一句，大家就一起帮她，我感到很苦闷，觉得回宿舍也没什么意思，怕说错话引起更大的麻烦。所以我每天很早起床，背着书包到教室看书，晚上很晚才回宿舍；有时即使看不进书也不愿回宿舍，就顺着操场逛，一圈又一圈，估计快要熄灯了才回宿舍。"而那些生活在对立面的同学也很难过："我们宿舍的一位同学很过分，不过她现在已经被孤立了，但我现在也感到很压抑，因为宿舍气氛不好，形成对立局面。其实我觉得那位同学也不是一无是处，也很想和她说话，但大家都不理睬她，我若主动与她交好，势必也会被大家孤立。"还有一部分新生，即使没有这样的情况，也觉得在宿舍不是很开心："我们宿舍关系还可以，没有争吵，但大家都很客气，没有什么话好说，觉得挺闷的。"

这个小故事反映了生活中我们不可避免地与人相处的问题。社会交往是一个非常复杂的课题。我们每个人生活在社会中都离不开人际交往，尤其是中学生这个年龄段，对人际交往有更迫切的需求，渴望在良好的交往中获得一种心理归属感。

人际交往不能凭本能，要懂得他人的心理需求，并掌握一定的技巧，懂得相处之道。这里介绍几种人际交往中的效应。

一、霍桑效应

在社会交往中有这样的规律:要想别人尊重你,首先要学会尊重别人。在交往中任何不尊重他人的言行，都会引来别人的反感，更别提会赢得别人对自己的尊重。如何做才能让人感到我们对他们的尊重?

1.在交往中要热情真诚,尊重、重视他人。相反,对人冷若冰霜，自然会伤害到别人，倘若过分热情,则会使人感到虚伪,缺乏诚意。

2.要注意给人留足面子。所谓面子,就是自尊心,每个人都有自尊心，失去自尊心对于一个人来说是一件极其痛苦的事。伤害别人的自尊,是严重失礼行为。维护自尊,希望得到他人的尊重,是一个人基本的需求。

3.允许他人表达思想,表达自己。当别人和自己的意见不统一时,不要把自己的意见强加给对方。当你跟不同性格的人交往时,也应尊重对方的人格及自由。

二、超限效应

人对任何情绪都有一个承受的极限。说话做事要注意对方的心理承受度，不要因为过度而产生适得其反的负面效果。我们都知道“过犹不及”这个成语，不管你认为某件事情多么重要，都要适度。凡事适度最好，一旦超过一定限度，事情就会向相反方面转化，我们说话做事倘若超过了对方的心理限度，让对方感到过度，对方就会产生厌烦的心理现象。因此，无论是在公众场合讲话，还是在人际交往中讲话，都要注意简练，不要啰唆。你在做一场报告或是演讲时，一定要避免让听众感到不耐烦，你应该在三分钟内进入你的主题，并以你的魅力抓住听众。整个演讲过程要注意逻辑清晰，层层推进，还要设计语调和意境变化。在与其他人的私人交际中，同样要注意节奏，控制时间，重要的内容要在前三十分钟充分交流，切忌铺垫过长。假如你发现对方已经开始看表，或者注意力开始分散，东张西望，这种情况下你的谈话就要准备收场了。

三、"自我暴露"效应

坦率地表白自己，陈述自己，这就是所谓的自我暴露。心理学家认为，一个人如果想要和别人建立比较密切的关系，一定程度的自我暴露是不可或缺的，这就是"自我暴露"效应。日常生活中我们会发现，有的人虽然他外表看起来不是很擅长社交，却有很多知心朋友，这是为什么？假如你仔细观察，会发现这样的人一般都有一个特点：为人真诚，渴望情感沟通，他们说的话也许不多，但都是真诚的。而有的人，虽然很擅长社交，甚至在交际场中如沐春风，但是他们却少有知心朋友，因为他们习惯于说场面话，注重表面功夫，交朋友虽然又多又快，感情却都不是很深；他们虽然说很多话，却很少暴露自己的感情。其实谁都不傻，都明白对方对自己是出于功利需要还是出于情感往来。人际交往中，当自己处于明处而对方处于暗处时，任何人都不会感到舒服；当自己表露情感，对方却不跟你交心时，你怎么可能会对他产生亲切感和信任感呢？相反，一个人向你表白内心深处的感觉，会使你感到对方的信任和渴望沟通情感的愿望，这会拉近你和他的心理距离。可以说，每个人内心深处，都有对情感的需要，如同对食物的需要一样是与生俱来的，情感纽带下结成的关系往往会比因暂时的利益结成的关系更加牢固，而那些和任何人都不表露内心的人，当然无法得到这种深度的感情关系。心理学家一致认为，在社会交往中，出于心理健康的考虑，一个人应该至少让一个重要的他人知道和了解真实的自我，这样的人在心理上才是健康的，也是实现自我价值所必需的。当然，"自我暴露"也并非是越多越好，总向别人喋喋不休地谈论自己，会被他人误以为是适应不良的自我中心主义者。

四、"两情相悦"效应

有时我们喜欢一个人，或许不因为外貌、人格等，仅仅是因为他们喜欢"我"。心理学上把这个心理规律称为"两情相悦"效应。那么，我们为什么会比较喜欢那些喜欢自己的人呢？首先，因为喜欢我们的人使我们体验到了愉快的情绪，更关键的是，那些喜欢我们的人使我们受尊重的需要得到了极大的满足。他人对自己的喜欢，是对自己的一种肯定、赏识，说明自己对他人或者对社会有极大的价值。古人云："爱人者，人恒爱之；敬人者，人恒敬之。""两情相悦"效应提醒我们，生活如同一面镜子，倘若你想得到一个人的微笑，你就要先给别人一个微笑，不要只希望别人为你做些什么，因为事实上别人并没有任何义务。我们首先要求自己去接纳、肯定、支持周围的人，这样才会收获他人对我们的喜爱和尊重。

五、互惠效应

人际关系是个互动的社会开放型系统，交往也是社会性的"予"与"取"的开放性系统。一般情况下，倘若交往双方的付出和回报能保持动态平衡，就有利于交往的维持，否则交往就很可能受阻甚至中断。韩愈所说的"大凡物不得其平则鸣"，恰恰揭示了人际关系的社会交换原则。笃信并且服从互惠效应，已成为我们人际交往中一项非常重要的行为准则。当然，在我们的现实生活中交往不一定非要在获取和给予的质量完全对等的条件下才能进行，但是如果对方的付出没有获得合理的预期反应就会令对方产生心理上的不平衡，引起消极的情绪，在这种情况下要维持交往是十分困难的事情，要继续发展密切的友好关系就更加困难。世上不存在无缘无故的爱，也没有无缘无故的恨，友情是一种互惠互利的关系，这是友情的基础所在。正如单相思不是爱情，双方的情感达不到共鸣的情况下，不可能建立也不可能持续良好的关系。所以，对别人的友好表示，我们应当适当地、积极地给予回应，以免令对方产生失落感和误会。

六、实践与操作

测一测,你是人际交往的高手吗?

1. 你与朋友的交往能保持多久？（ ）

A.大多是天长地久型

B.长短都有，志趣相投者通常会长久

C.弃旧交新是常有的事

2. 在与别人交往中你的表现是什么样的？（　　）

A.我走到哪儿就把笑声带到哪儿

B.我使人沉思，能给人带去智慧

C.和我在一起，人们总是感到随意自在

3. 和朋友相处时，你通常的态度是(　　)

A.倾向于表扬他们的优点

B.以诚为原则，有错就指出来

C.不吹捧奉承，也不苛刻指责

4. 对于你来说，与人交往的主要目的是(　　)

A.使自己生活得热闹愉快

B.希望被人喜欢

C.想让他们帮你解决你解决不了的问题

5. 朋友劝阻或批评你时，你总是(　　)

A.非常勉强地接受

B.断然否决

C.愉快地接受

6. 出门旅行度假时，你(　　)

A.通常很容易就交个朋友

B.喜欢一个人消磨时间

C.内心非常希望结交朋友，虽然不是很成功，但仍然勇于实践

7. 结交一个朋友，你通常是(　　)

A.由熟人的介绍开始

B.通过某特定场合的接触开始

C.经过考虑而决定交往

8. 如果别人对你很依赖，你的感觉是(　　)

A.我不太在意，但如果他有一定的独立性就更好了

B.我喜欢被依赖

C.避之唯恐不及

9. 对身边的异性(　　)

A.只在必要的情况下才去接近他们

B.与他们互不往来

C.乐意接近他们，彼此相处愉快

10. 对那些精神或物质上帮助过你的人，你会(　　)

A.铭记在心，懂得回报

B.认为是朋友间应该做的，不必牵挂在心

C.时过境迁，随风而逝

11. 和朋友约好一起去玩，但你有些疲惫，面对这种情况，你会(　　)

A.决定不去赴约，希望朋友谅解

B.仍去赴约，尽量显得情绪高涨，热情活泼

C.去赴约，但询问如果你早些回家，朋友是否会介意

12. 别人邀你出游或表演一个节目，你会(　　)

A.借故委婉推脱

B.兴致勃勃地欣然允诺

C.断然拒绝

13. 你的朋友首先应该(　　)

A.能使人快乐、轻松

B.诚实可靠，值得信赖

C.对我很欣赏、很关心

14. 来到一个新的环境，对那些陌生人的名字和他们的特点，你(　　)

A.能很快记住

B.想记住,但不太成功

C.不在乎这些东西

15. 编织你的人际关系时,你考虑的人选一般是(　　)

A.有钱或有权势的人

B.诚实且心地善良的人

C.社会地位和自己差不多的人

按照下表评分：

	1	2	3	4	5	6	7	8	9	10	11	12	13	14	15
A	1	1	1	1	3	1	5	3	3	1	5	3	3	1	5
B	3	5	5	3	5	5	1	1	5	3	1	1	1	3	1
C	5	3	3	5	1	3	3	5	1	5	3	5	5	5	3

15~29分：你的交际能力很强。

你非常善于交际，经验丰富，凡事处理得体恰当，但又不八面玲珑、圆滑逢迎；你无论走到哪里，笑脸和友善总伴随在你的周围。

30~57分：你的交际能力尚可。

你会有不少相处得不错的朋友，但出于各种原因，真正能与你推心置腹的知己却不多；你们之间似乎总有隔阂，你应该找找原因所在。

58~75分：你的交际能力较差。

你的交际能力较差，人生经验不够丰富，时常独行于众人之外，一副高傲、拒人于千里之外的架势，这样的你很难获得成功，希望你多看到别人的优点，努力做一个合群的人。

第二节　包容是送给他人的一件礼物

我有一个好朋友，我们彼此都比较了解，但有时候我还是不能接受他的某些做法。例如有时候他借我的东西用，可是当用完之后还回来时东西已经损坏了，他也不说一声；有一次爸爸从国外给我带回一支笔，我非常喜欢，平时我自己都舍不得用，我的好朋友知道我有一支好笔，就向我借，说借过去就是看看而已，没想到这一看就是一个星期，回来时笔上还多了一道明显的划痕，但是他对这事只字不提，还笑嘻嘻地说这笔真好用。看到心爱的笔添上了一道显眼的划痕，我真的很生气，但碍于情面又不好跟他认真计较。在我们相处过程中，为了不发生冲突，有些事情我常常自己忍着。

上述案例在人际交往中是一种常见的现象,从一般意义上讲,这样的容忍是可取的,但有时候必须要把事情说清楚,否则别人会觉得你软弱可欺,这样不利于朋友之间友谊的正常发展。

在人际交往中,朋友之间难免会有磕磕绊绊。能够理解别人的不合理行为和各种不顺心的情况,是一种包容心的表现。包容心不仅是自身良好修养的生动体现,而且也是在人际交往中送给别人的一件绝好礼物。

一、包容心:接纳不同的意见,包容相异的想法

“认同别人更容易肯定自己”,谁都有犯错误的时候,要学会包容别人,不能因为与别人暂时的意见不合,影响到交流,有可能错的人反而是自己。所以有一颗包容的心,就能全方位地考虑问题,避免走入误区。

是否愿意去了解别人是一种态度，而能否了解别人则是一种能力，一个人不可能完全了解或体会另一个人所经历的事情和情景，有时候当事人自己都不知道为什么会这么做，我们又怎么可

能了解别人呢？实际上我们的很多行为都是感情用事、不够理智，这也是最无法解释的。我们为什么笑？为什么哭？为什么今天我们的情绪很好，改天却又情绪低落了呢？为什么我们会对自己所爱的人生气呢？为什么我能比较喜欢这个人而不喜欢另一个人呢？为什么经常会做一些错事或傻事，事后却又追悔自责："我怎么会这样做呢？"回答这些问题时必须考虑到很多因素，例如感情、个人的意见、态度、经历、习惯及很多生活中曾经发生过但早已被遗忘的小插曲，我们应该知道不管别人怎样生气，那些行为一定都是有原因的，如果你我处在这种情况下，可能也会这么做，以换位思考的态度去赢得一个人的心，而不是消极的态度面对人，这样就更接近，也更懂得对方。经常站在他人的角度去考虑一下他为什么做某件事，就会增加我们对别人的理解，减少对别人的责备，这就是包容之心。

学会欣赏并接受不同的生活形式、态度、文化、种族、年龄和长相，这是了解别人所应持的态度。

在物换星移的变幻中，涓涓细流汇成瀑布，峡谷的形成增添了草原的壮观与魅力。但是感受了这片大地之美的人，却被人的问题所困扰，使我们感到不悦，甚至恐惧。正因如此，人类才彼此需要，才能形成相互联系的社会关系，如果世界上所有的人都完全一样，那么人类文明就根本无法保存下来。每个人都有其独特之处，世界上绝对没有两个人是完全一样的，就像找不到两片完全相同的叶子。懂得这一点，我们才能学会循着他人的思维路线去解释现实，我们才不会从自我出发去解释他人，这样彼此才有共存的空间、共同感兴趣的话题，这也是包容之心。

我们可以选择批评或责难，但也可以包容他人的错误和缺点，多注意他人好的一面，而不要老是挑剔不好的一面。包容心，简单地说就是接受别人原来的样子，多看到别人的优点，少看到别人的缺点，对别人的正面评价要多于负面评价，鼓励多于责难。

然而，奇怪的是越来越多的人总是期望别人从不犯错。例如，老师和家长总希望把自己的学生或孩子塑造成理想中完美的人，只要他们犯错就火冒三丈甚至大打出手，生活中这种情况并不少见。扩散性的愤怒只会引发愤怒，正确的做法应该是试着去接受别人原来的样子，不要勉强他们扮演你心中完美的角色。

还有些人似乎特别喜欢强调和注意别人性格上的缺陷，以找出别人的错误为乐趣，并以此达到自我满足。然而，这种寻找乐趣的方式代价太高，因为这会渐渐抹杀一个人的包容心。

二、培养包容心，做幸福的人

努力培养包容心的人，是幸福的人，因为这使人感到快乐，更接近真实的自我，而且也能够享受丰富而美好的人际关系。相反，缺乏包容心的人容易感到痛苦，甚至会闷出病来，没有容忍心的人会给别人的心理造成极大压力。当我们怒火中烧、对别人发脾气时，便已经对这个人失去了包容心。一个具有包容心的人，能够忍受别人的缺点，所以便能赢得友谊，这并不是说纵容所有错误行为及不正常的性格。我们就事论事而不要做人身攻击，就会发现培养包容的态度容易多了；去爱一个可爱的人并非难事，难的是去爱不可爱的人，要求自己去体谅一个自大傲慢、尖酸刻薄或粗鲁的人，这确实是一个很大的考验。实际上我们每个人在内心深处都渴望别人的理解、包容和怜惜，都需要别人的关心与爱，只要付出就一定会有收获。

包容心的实质，是允许不喜欢的东西存在。“我不同意你的看法，但誓死捍卫你说话的权利。”这便是思想领域的包容。

在人际交往中，每个人所受的教育程度不同、社会环境影响不同、所参与的社会活动也不同，要想学会包容就要先学会理解，也只有学会理解他人才能做到包容。所以，理解与包容，一种是理智上的认识，一种是行为上的行动，二者融为一体。时刻注意尊重他人是包容，看大局而不去计较小节是包容，看法不一、意见不一更需要包容，有时对一些无知者的原谅与迁就也是一种包容，年长者对无知孩童的慈爱是另一种包容。

包容别人，应该成为现代人必备的素质，也应该成为我们的自我要求。包容别人有很多方式，比如理解，比如设身处地，比如换位思考。

三、实践与操作

拥有包容心的人，证明对自己有足够的自信；自信且能包容他人的人，能为其生活带来很多的方便和好处。快来了解一下你的包容心吧。

1. 你认为自己是一个有包容心的人吗？表现在哪些方面？

____

____

2. 你的好友认为你是一个有包容心的人吗？表现在哪些方面？

____

____

3. 你如何看待自我评价和朋友评价的差异？

____

____

4. 做个小测验，了解一下自己的包容心。

(1)你对那些跟你观点不同的刊物(　　)

A. 从来不看

B. 如果碰到的话也可看看

C. 看，而且还有特别的兴趣

(2)你最赞成下列哪种说法？(　　)

A. 如果对犯罪行为惩办得更严厉一些，犯罪行为就会减少

B. 社会的状况好一些，相应的犯罪就会少一些

C. 我认为了解犯罪者的心理最重要

(3)你会允许自己的子女同外国人结婚吗？(　　)

A. 会的

B. 不会

C. 未仔细考虑某些具体问题之前，是不会的

(4)当你的朋友做出你极不赞成的事时(　　)

A. 你会跟他继续来往

B. 你会把你的感受告诉他，但仍然和他保持友谊

C. 你会告诫自己，此事与自己无关，同他的关系依然

(5)你多数朋友在性格上(　　)

A. 都和你很相像

B. 与你不同，并且他们之间也彼此不同

C. 与你大体相同

(6)如果在朋友聚会时,自己的言论被某人强烈抨击,你会(　　)

A. 感到很愤怒,与他争执

B. 觉得他也不无道理

C. 不把这事放在心上,设法转移话题

(7)当外面玩的孩子害你不能集中精力工作时(　　)

A. 你会因孩子们玩得快乐而高兴

B. 你会对他们发脾气

C. 你会感到心烦

(8)有些上岁数的人喜欢大惊小怪或瞎操心,你对此的反应是(　　)

A. 耐心地听

B. 心烦

C. 不一定

按照下表评分:

	1	2	3	4	5	6	7	8
A	4	4	0	4	4	4	0	0
B	2	2	4	0	0	0	4	4
C	0	0	2	0	2	2	2	2

8分以下:你是一位很有包容力的人,能够充分考虑到别人的情况与立场,理解他们的困难。你不在乎别人的意见和自己不同,能够容忍偏激和善变的意见。对于别人来说,你是受欢迎的,会成为大家的好朋友。

9~24分:你具备一定的包容力,基本上能理解和自己想法不同的意见,可以接受新潮流、新思想。但当这些思想与你的信条矛盾时,你还会对其持怀疑态度。你需要注意的是不要过分坚持自己的原则,原则都有一定的适用条件。需要仔细分析再做决定。

25分以上:你缺乏包容力,排斥和自己不同的意见,希望所有人和自己的想法一致。在别人的眼里,你可能是一个专横霸道、固执己见的人。如果你能试着关心别人的感觉,倾听他们的意见,你将发现交往会容易很多。

5. 对照自我评价、同学评价和测试的结果，重新认识自己的包容心。

6. 你还需要从哪些方面做出改善和努力呢？

第三节　猜疑是人际交往的祸根

古代有一个人丢失了一把斧子，怀疑是他的邻居偷了，觉得邻居走路、说话、神态都像是偷了斧子，便更加肯定邻居就是小偷。不久家里找到了斧子，他再观察邻居，觉得他说话、走路、神态，竟全然不像小偷的样子。

这位丢斧者，为什么会对同一个人先后持有两种截然不同的态度，这是因为他之前是靠主观的想象和推测，而不是以客观事实为依据来判断的。

一、什么是猜疑?

猜疑是一种由主观推测和缺乏自信而产生的对他人言行过于敏感的一种心理状态。人们在交往的过程中大都免不了猜疑，只是程度不一。猜疑心重的人往往整天疑心重重，或者是无中生有。听到别人在议论自己，就认为是瞧不起、算计自己；看到别人在说话，就以为自己是他们议论的中心，结果认为人人都不可信，人人都不可交。猜疑具有消极性，尤其是毫无根据的猜疑，日积月累会变成一种对对方的憎恨并带来嫉妒和报复等极为有害的心理。

交往的基础是彼此间的相互信任，彼此的信任又反过来产生维持交往的动力，猜疑正是从吞噬这个基础入手，慢慢地摧毁人际间的友谊桥梁。人际交往中猜疑所造成的损害之大是不言而喻的，纵观历史，古今中外大到国家小到人际交往之间，受猜疑之累而造成损失的例子不胜枚举。

《三国演义》中，曹操刺杀董卓败露后，与陈宫一起逃至吕伯奢家。曹、吕两家是世交。吕伯奢一见曹操到来，便打算杀一头猪款待他。可是曹操因听到磨刀之声，又听说要“缚而杀之”，便大起疑心，以为要杀自己，于是不问青红皂白，拔剑误杀无辜。

这是一出由猜疑心理导致的悲剧。猜疑是人性的弱点之一，历来是害人害己的祸根，是卑鄙灵魂的伙伴。

《韩非子·说难》有一个“智子疑邻”的故事，原文是这样的：

宋有富人，天雨墙坏。其子曰：“不筑，必将有盗。”其邻人之父亦云。暮而果大亡其财，其家甚智其子，而疑邻人之父。

从这个故事中你能受到哪些启发？

信任是人与人之间沟通的基础，猜疑是人际关系和谐的障碍和绊脚石。要消除猜疑、增强信任，首先要排除私心杂念，私字当头势必患得患失、疑虑重重；其次要实事求是，分清是非；再次要经常沟通，增进了解。

一个人一旦掉进猜疑的陷阱，必定处处神经过敏，事事捕风捉影，对他人失去信任，对自己也同样心生疑窦，损害正常的人际关系，影响个人的身心健康。猜疑心重的人会时时处处怀疑别人，会影响朋友之间的信任。

喜欢猜疑的人特别注意留心外界和别人对自己的态度，对别人脱口而出的一句话很可能琢磨半天，努力发现其中的“潜台词”，这样便不能轻松自然地与人交往，久而久之不仅自己心情不好，也影响到人际关系的发展。这种人心有疑惑，不愿公开，也少交心，整天闷闷不乐、郁郁寡欢。由于自我封闭，阻隔了外界信息的输入和人之间真情的流露，便由怀疑别人发展到怀疑自己，失去信心，变得自卑、怯懦、消极、被动。

二、造成猜疑的原因有哪些呢？

1.心理问题。心理不够健康的人，常常会歪曲地理解别人的善意。例如别人赞扬他，他会怀疑是不是讽刺；别人批评他，他会怀疑是攻击；别人不理他，他又怀疑别人孤立他；狭窄的心胸使他们无法容纳别人对他的正确评价。

2.思维方式。有一类人喜欢戴上有色眼镜去观察他人，用别人的举动来验证而不是修正自己的看法，因而常常歪曲事实，对别人产生怀疑。偏听偏信，不做调查分析产生疑虑。

3.自信心。缺乏自信的人，总是以别人的评价作为衡量自己言行的是非标准，自然很在乎别人的评价。当别人的态度不明朗时，他们往往要从不利于自己的方面去猜疑，往往是自寻烦恼。

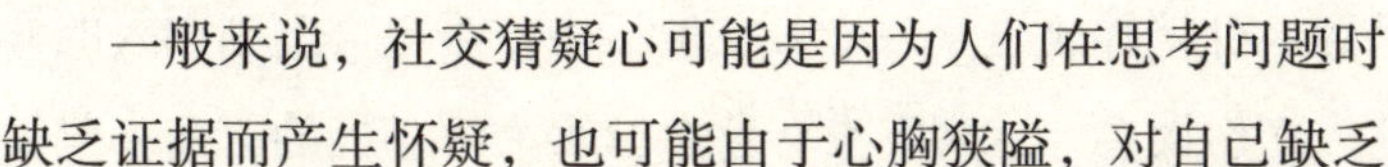

一般来说，社交猜疑心可能是因为人们在思考问题时缺乏证据而产生怀疑，也可能由于心胸狭隘，对自己缺乏信心，与他人产生误会或听信流言等原因引起。情感体验一旦得以持续蔓延，以后的相关信息便会被逐一纳入错误的轨道，从而产生与人的对立情绪，如此恶性循环，便导致对人或事做出一系列错误判断。就像我们看天上的云朵，如果有人说这是一只猫，便越看越像、越看越逼真。不管怎样，猜疑都是人际关系的大敌，它会破坏朋友间的友谊，疏远同学间的关系，无端地挑起同学和朋友间的矛盾纠纷，也使自己产生负面的情绪，生活在猜疑中的人总是郁郁寡欢，缺少内心宁静。

三、如何克服猜疑心呢？

猜疑的危害如此之大，对此我们不能够等闲视之，应当积极主动地去减少它、消除它。要想克服人际交往中的猜疑之心，可以从以下几个方面做起：

（一）需要培养理性思维，切勿感情用事

当出现猜疑心时，要去寻找证据，比如在猜疑别人议论自己时，应先回忆一下，在最近的一段时间内，自己是否引起过什么事端，在参加谈话的人中是否有人最近和自己发生过争执等。如果疑点很多，证据实在、确凿，就应该以诚恳的态度，鼓足勇气找对方坦诚交换意见。如果证据不足，主观推测过多，甚至带有很强的想象色彩，你就该尽快否定自己的猜疑，告诉自己不要想得过多，别把人想得过坏等。

（二）主动去知人知己

社交猜疑心有时是在相互不了解的条件下产生的。如果一个人能够学会认真观察他

人，了解他人，把握其性格特征、处事方法等，就不会无端地去怀疑他人。比如，当知道某人为人正直诚恳，遇到矛盾冲突就不会怀疑他在背后捣鬼，当能正确评估出自己在周围社会关系中的地位以及留给别人的印象后，也不会随便猜疑别人是否跟自己过不去。

（三）学会自我安慰

自我安慰是对自己的一种精神放松。一个人在生活中，难免会遭到别人的非议和流言，也难免与他人产生误会，这其实没有什么值得大惊小怪的。在一些生活细节上，我们不必斤斤计较，完全可以糊涂些，这样并不会失去什么，还能使你避免自寻烦恼。如果觉得别人怀疑自己，应当安慰自己不必为别人的闲言碎语所困扰，不要太过在意别人的议论，做好自己。

（四）不轻听、轻信流言

对小道消息或通过不正当渠道传来的似是而非的信息，只能抱着参考的态度听听，不能以此作为判断依据，一定要避免偏听偏信，才不会引起误会和猜疑。信任别人也很重要，信任别人，别人便会真诚对待；朋友彼此要讲信任，讲信任彼此才是朋友。

（五）拥有强大的自信

当我们充满信心地进行工作和生活时，就完全不必担心自己的行为，也完全不必随便担心别人是否会挑剔、为难自己。自信心培养起来之后就应注意加强交流，拉近心理距离。要做到人与人之间心与心的交流，其实并不是容易的事。了解是信任的基础，不了解是无法信任的。所以，在与他人交往的时候，应该注意加强互相的交流、相互了解、相互信任，这样在情感上才能产生共鸣，才会有效地消除猜疑。

四、实践与操作

1. 回忆一下，最近你和朋友闹得不愉快的一件事。把整个事情完整地想一遍，看看是否有猜疑心在作怪呢。

2. 行动起来，去消除误会。

第四节 学会倾听改善人际关系

我是一个高中生，感觉自己身上的优点挺多的。我很有责任感，学习也不错，性格也比较开朗，但是，很多同学并不愿意与我交往。有一个好友，曾说我主观性特别强，不太能理解他人，特别不善于倾听，在和别人的交流中似乎只沉浸在自己的世界里，有时似乎在听，但是也不往心里放。我品性良好，也不是个虚伪的人，难道仅仅是这个特点，就影响我的人际交往吗?

一、什么是倾听?

语言是人与人交流最直接的方式，说话是表达自我、宣泄内心的一个途径，倾听是接受对方的过程，可惜大多数人都喜欢说但是很少有人会听。很多时候两个人在讲话时，表面上你一句我一句，一个人在说，一个人在听，而真相是：你在说我没有在听，而是在想下一句该怎么说。如果我们把心思只用在自己如何去表达上，那就是不懂得倾听。

二、善于倾听很重要吗?

善于倾听是一种同伴交往的实用技巧，它对于搞好同学关系、沟通情感有着重要的意义。在日常学习生活中，我们发现越是善于倾听他人意见的人，其人际关系就越融洽；因为倾听本身就是赞许对方讲话的一种方式，这在无形之中就能提高对方的自尊心，认为你尊重他，就自然能加深彼此间的情感；否则，如果对方还没有把要对你讲的话讲完你就听不进去了，就容易使对方的自尊心受挫，影响彼此间的沟通。因此，可以说认真倾听对方是顺利进行人际交往的因素之一，周围的同学意识到你能耐心地倾听他们的谈话时，他们就会主动靠近，这样你就会和更多的同伴交流思想，建立交流广泛、融洽的人际关系。

中学生由于心理发育尚不成熟的缘故，在与他人的交流中总是急于表达自己的观点，在思想表达上总是敢为人先，甚至不惜打断别人兴致勃勃的讲话。殊不知，这样不仅会使自己那些尚不成熟的思想脱口而出，容易给别人留下浅薄的印象，而且也会令兴趣盎然的讲话人觉得自己没有受到尊重，从而给双方的关系蒙上阴影。

回忆一下你和人交流的经历，无论是你有烦心事、内心郁闷或者焦虑的时候，或者有令人振奋的成就想找人分享时，还是想和人共同探讨某个问题的时候，你希望这个人以什么样的方式倾听？

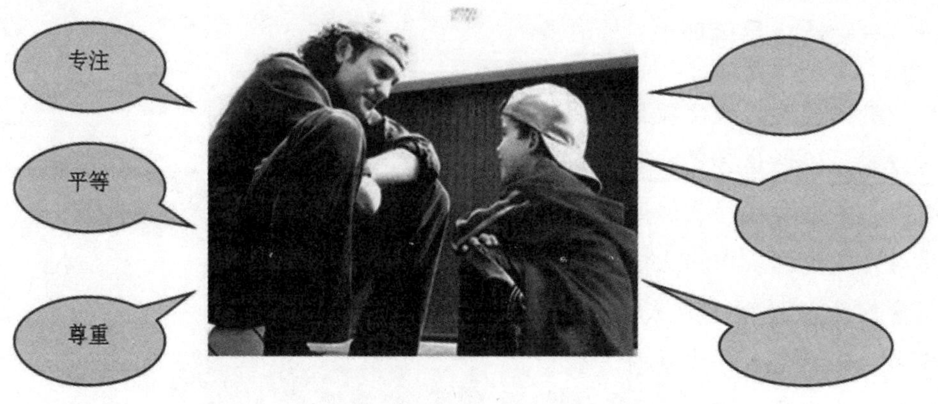

在和人交流过程中，你不喜欢对方的行为和表现有哪些呢？

三、应该怎样进行倾听呢?

有效的倾听是可以通过学习而获得的。认识自己的倾听行为，将有助于你成为一名高效率的倾听者。美国著名心理学家托马斯·戈登研究发现，按照影响倾听效率的行为特征，倾听可以分为三种层次。

层次一：在这个层次上，听者完全没有注意说话人所说的话，假装在听其实却在考虑其他毫无关联的事情，或内心想着辩驳。他更感兴趣的不是听而是说。这种层次上的倾听，往往导致的是关系的破裂、冲突的出现和拙劣决策的制定。

层次二：在第二层次上，听者主要倾听对方所说的字词和内容，但很多时候还是错过了讲话者通过语调、身体姿势、手势、脸部表情和眼神所表达的意思。这将导致误解、错误的举动、时间的浪费和对消极情感的忽略。另外，因为听者是通过点头同意来表示正在倾听，而不用询问、澄清问题，所以说话人可能误以为所说的话被完全听懂理解了。

层次三：处于这一层次的人表现出一个优秀倾听者的特征。这种倾听者能在说话者的表达中寻找感兴趣的部分，他们认为这是获取新的有用信息的契机。高效率的倾听者清楚自己的个人喜好和态度，能够更好地避免对说话者做出武断的评价或是受过激言语的影响。好的倾听者不急于做出判断，而是耐心地听对方表达，并能够设身处地看待事物，更多的是询问而非辩解。

四、倾听要有什么样的态度?

一个人从倾听层次一提高到层次三的过程，就是其沟通能力、交流效率不断提高的过程。

要想成为一个善于倾听的人，最应该关注的是自己倾听的态度。

1.以关心的态度倾听。倾听就像是一块共鸣板，让说话者能够试探你的意见和情感，同时觉得你是以一种非裁决的、非评判的姿态出现的。不要马上就问许多问题，不停地提问给人的印象往往是听者在受“炙烤”。我们要表现得像一面镜子：反馈你认为对方当时正在考虑的内容。总结说话者的内容以确认你完全理解了他所说的话。

2.避免先入为主。这发生在你以个人态度投入一段对话时，自己原先的印象在头脑中占主导地位，容易使你过早地下结论或产生偏见，显得武断。

3.要有耐心去倾听。心理学研究结果表明一般人谈话的速度是每分钟124~180个字，而思维的速度却是它的4~5倍。所以在和同学交流时，有时对方还没讲出来，你就了解他要说的全部内容了；这时你的注意力会分散，思想开了小差，也会下意识地表现出心不在焉的样子。人家若是突然问你一个问题，你不是非常难堪，便是答非所问，对方就会感到不愉快，所以听同学讲话时一定要耐心倾听，全神贯注。假如你认为对方的谈话没有价值，要设法暗示他转移话题，若没有转移话题，就要尊重对方，认真听他继续讲下去；在听同学谈话时切忌出现咬指甲、抠耳朵、搔痒、卷衣角儿、打哈欠等举止，一定要耐心地听对方把话讲完。

4.要虚心倾听。有时和同学谈话时对方讲述的内容自己都知道，甚至比对方了解得还多。在这种情况下，更要虚心倾听对方讲话，不要因为自己知道就随意插话打断对方，更不能据理不让人进行不必要的争辩。在一般社交场合，如果你不赞成对方的观点，可以用委婉的语气说："我对这个问题的看法是这样的……"或者说："这个问题值得我想一想。"如果同学在讲话中出现一些错误，你也可以在不伤害他自尊心的前提下说："似乎还有别的说法吧？"或者说："我记得好像不是这样吧？"这就能使对方心领神会了，同时仍保持亲切和谐的交往氛围。虚心听取同学的讲述，学会了解对方的看法、意见对自己是大有益处的。

五、倾听的过程中关注自己的行为

1.不要急于表达自己，要耐心地听完对方的话。以身体微微前倾、轻松自在的坐姿，表示你尊重并认真聆听对方讲话的态度，不要抱着胳膊，也不要翘着二郎腿。

2.暂时放弃自己的观点和立场，尽量放空自己，才能听到别人。不要轻易打断别人，要让对方把事情叙述完整，感情表达清楚，在充分理解对方意思后再表述自己的观点。

3. 在倾听过程中用简单的肢体语言，如微笑点头等表示你正跟着对方的思路。在倾听后不要轻易否定对方，不要匆忙下任何结论，这种做法很危险，可能产生误解和误会，要留出时间给自己进行思考和判断。

耳朵是通向心灵的路。有了倾听的耳朵和愿意倾听的心，你才会拥有忠实的朋友。倾听，就像海绵一样，汲取别人的经验与教训，使你在人生道路上少走弯路。倾听，是一种平等而开放的交流。认真倾听别人的倾诉是人际交往的细节，能体现你谦逊的教养，展现你的素质。

六、实践与操作

1.想想你周围有不善于倾听的人吗？他最突出的特点是什么？这些特点是否有自己值得反思的地方？

____

____

____

2.想想你周围有善于倾听的人吗？他最突出的特点是什么？当你与善于倾听的人交流时，你有什么样的感觉？

____

____

____

第五节　敢于当众讲话

要填写高考志愿了，我非常想成为一名老师，然而我有一个毛病，又使我对实现这一理想望而却步。这个毛病就是不敢当众说话。做一名教师，就要在全班同学面前讲课，就要在有很多人的场合下发表自己的意见和看法，可我根本不敢在大庭广众面前说话。而且当得知要在许多人面前说话时，就有可能出现很多生理上的不适，比如心跳加快、嗓子发干，甚至觉得心要跳出喉咙；真正讲话时要么就讲不出来，要么就是结结巴巴、语无伦次，事先准备的内容不知跑到哪里去了。这使我的自信心备受打击。我希望能成为一名合格的教师，能在众多的人面前自由地表达自己的思想观点。即使是不做教师，这个毛病将来也会影响我的发展。在众人面前不敢讲话的毛病能改掉吗？

一、是什么阻碍了你当众讲话？

你有没有在与他人相处的过程中，心里会有种有话说不出来的压抑感？当你身处一个陌生的人群里面，有的人能侃侃而谈，而自己却一直沉默寡言、插不上话，想

必那种浑身不自在的感觉会让你很想逃离吧？

无论是面对一群熟悉的人，还是面对一群陌生的人，如果你不敢当着这么多人的面开口说话、表达自己，你的身体一定会自然而然地产生一种“你不是你的”情绪反应。也就是说，那时的你跟平时的你完全是两个人。你无法长时间待在一个地方，扮演着一个“不是你自己”的角色。在这种状况下，你就会感到浑身不舒服，如坐针毡，恨不得立刻离开。

在众人面前讲话紧张的现象应该说在绝大部分人身上都不同程度地出现过，可以说没有哪个人天生就能在众多人面前口若悬河。但是在正常情况下，经过一定的锻炼，大多数人都能在较短的时间内适应在众人面前发表演讲的场面；即使在开始前的几分钟或十几分钟说话，会存在不同程度的心理紧张，但是几分钟后大部分人就能应付自如。

面对众人说话，如果持续地存在恐慌情绪，而且在准备说话和说话过程中出现过度的生理上的不适反应，那就有可能是一种心理学上称之为演讲恐惧的症状。演讲恐惧是社交恐惧的一种表现，社交恐惧者在各种社交场合往往感到不适，当他们不得不和别人交谈时，尤其是和不认识的人打交道时，会感到尴尬和紧张。他们非常关注别人怎样看自己，当他们遇到陌生人或不得不在众人面前讲话就会变得手足无措。社交焦虑的人经常想自己做错了什么，自己说的话想必很愚蠢，自己的样子看起来一定很傻；羞怯的人在说话时有时会有点口吃，说错话时会出现紧张的外部信号，这些尴尬的感觉不只是个人的体验，和他们交往的人也能看出来。社交焦虑的人说他们有时会害羞，过于紧张，以至于想不出要说些什么，他们只好让谈话陷入沉默，而这种沉默会让那些已经在社交中焦虑的人备受煎熬，觉得更不舒服。

为什么会出现这种情况？

1.对自己信心不足。一般人在众多的人面前怯场，无非是对自己信心不足，害怕自己的说话或行动不得体，惹人笑话。事实表明，如果对自己信心十足，觉得自己说话的内容正确，而且确信它能引起听众的兴趣，就很少会发生害怕在众人面前说话的情况。因为对自己信心不足，所以就总是怕自己说错，就怕引起别人的质询和笑话，这样自然就不愿或不敢在众人面前说话了。其实即使说错可能引起别人的笑话又会怎样？每个人的爱好不同，判断好坏的标准也不同，所以要想每个人都满意是不可能的。

2.缺乏日常锻炼。面对众人说话确实需要勇气和信心，这种勇气和信心的获得，必须通过有意识的锻炼。我们可以为自己提供锻炼的机会，在无人的场合大声地演练，也可以在日常的课堂上寻找这样的机会；各科老师都会在课堂上提出一些问题让学生回答，或提出问题让学生在课堂上分小组进行讨论，或有意识地让学生走上讲台，给他们面对全班同学发表自己见解的机会，这些都是锻炼的机会,同学们要鼓足勇气张口说话。这一措施在短时间内可能不会看出很大的效果,但是它却能提高学生的表达和应变能力,对于有些同学来说可能受益终生。

3.听众的“层次”也是影响说话者心理的一个重要因素。一个成年人面对众多的小孩子说话,估计他心里产生紧张的可能性不大;但是如果让一个年轻人在一大批有资历有学识的人面前说话呢,情况有可能就大不一样。

二、当众讲话的恐惧是可以克服的

美国总统林肯是一个成功的演说家,但林肯在小时候很怕当众讲话,是个很内向的人。当他认识到自己的缺点时就下决心,一定要彻底改掉自己的毛病。他在空旷的剧场中设想下面聚满了观众,然后他就对着这些想象中的观众进行演讲,经过刻苦的磨炼,很快就取得了良好的效果,这为他日后成为律师并最终成为美国总统打下了坚实的基础,许多演说家也都是这样磨炼出来的。当一个人敢于在众人面前讲话时,社交的焦虑便会消失。

当众讲话最大的障碍就是恐惧心理。要想学会当众说话,克服恐惧是必不可少的任务之一。而战胜恐惧的最佳办法,就是直接去体验恐惧,直到你完全熟悉了恐惧的感觉,不再受它的影响。

恐惧是无法消除的,毕竟恐惧是我们人类进化而来提醒我们躲避危险的机制,但你可以战胜它,不受它的影响。最佳方法就是熟悉它,一旦你熟悉了这种感觉,就没什么了。

刚开始的时候,面对这么多人讲话谁都会紧张,毕竟你成了众人的焦点,一旦说得不好,很有可能就会被取笑。其实这是一种"渴望赞同"的心理陷阱,即希望自己说出来的话得到他人的欣赏并加以肯定,否则就宁愿不说,怕丢脸。正是这种心理,导致自己过分追求完美,为此费尽心机,从而形成了巨大的心理压力。

其实很多时候,别人根本不在意我们是不是会说出某些惊世骇俗的观点,但只要我们敢于表达,跟别人形成互动,相比于沉默寡言,更能获得别人的赞同。

培养表达能力,一定要从"大声朗读"入手练习。只要每天坚持做这个训练,一个月时间就足以见到成效。表达的流畅与否,很大程度上取决于你脑海中积存的语言板块有多少。语言板块多,你表达自然流利;板块少,自然有话说不出来。所谓"搜索枯肠"的苦,说的就是这种无力感。

所以为了让你脑海中的语言板块丰厚起来,朗读就是其中一种手段。当你大声朗读的时候,文章里的语言就会逐渐输入到大脑里面;文中的表达方式,随着你不断地重复朗读,也会慢慢变成你自己的表达方式。以前"谨小慎微"地说话,就会变成"字正腔圆"地大方表达。

无论哪一种原因引起的说话恐惧都是可以克服的, 许多起初说话恐惧而最后获得成功的人,除了有坚定的信心和决心外,都有一套行之有效能帮助自己克服缺点的方法。不见得就要重复他们走过的路,而应该根据自己的实际情况从中获取一些经验,同时参考一些心理学知识,制订出一套适合自身特点的矫正方法。一般情况下,可以先在众多的熟人面前练习说话,然后在混杂着生人和熟人的人群中讲,只要能讲出自己的观点就是进步,以后再去陌生人中尝试。不要怕失败,要从失败中吸取教训,重新开始,如此坚持下去,最终是会成功的。

三、实践与操作

记住,没人天生有在众人面前敢于讲话的能力,你需要的是行动。当你在即将到来的演讲中焦虑时，不妨试一试下面的方法：

1.放松法，即调整呼吸法。具体做法是在演讲前多做几次深呼吸，深深地吸进一口气，再缓慢地呼出，要均匀地呼吸；等呼吸调整好的时候，你就会发现，心情也不那么紧张了。如果这个方法不行，不妨再尝试一下呼吸定点的方法，即眼睛注视一个固定的目标，然后做调整呼吸的整套动作。

2.自我暗示法。在你演讲前集中注意力，努力地去想，对自己说：“我放松了很平静，没有什么可害怕的，我准备很充分。”

3.转移法。演讲怯场时，不妨回忆一些令人心情愉快的事情和经历，例如一个给你留下美好印象的晚会、一次愉快的旅行等，这样就可以使精神不过度集中于当天的演讲，不过分地沉浸于恐惧的情绪中，使心情逐渐地好起来。

4.冥想法。当紧张时要完全放松地坐在那里，心里排除一切杂念，一片空白类似于气功的入静，将演讲观众等排除出去，什么也不想，脑子轻松片刻之后就会发现紧张原来根本没必要。

方法只能是方法，具体做事应当灵活掌握，树立自己的信心是很重要的。只要能树立起成功的信心，再加上行之有效的方法的辅助，就有可能克服掉自己的弱点。记住：你最需要的是勇气！

第三章 深入认识自我

第一节　我的气质

苏联一位心理学家曾做过一项实验。他找了四个不同气质类型的人去戏院看戏，都迟到了15分钟，工作人员拦住他们：“先生，对不起，您已经迟到15分钟，为了不影响他人，您不能进入。”

第一个人:“为什么不让我进！你知道我为什么迟到吗？刚才有个老大娘摔倒了,我为了扶她才来晚的,我是做好事,怎么能不让我进?！”

第二个人:“听您的口音,好像和我妈是一个家乡。我今天来得晚了点,真是不好意思啊,太耽误您工作了。”

第三个人:不说话,只是默默地站在旁边等,不走;话语不多,但默默坚持自己的想法,不放弃。

第四个人:“呀！我确实迟到了,不好意思！”(更多时候不会解释就选择默默离开了)

你知道这四个人分别是什么气质类型的人吗?

一、认识气质

(一)什么是气质?

气质是指人的相对稳定的个性特点和风格气度。心理学认为气质是不以人的活动目的和内容为转移的心理活动的典型且稳定的动力特征。希波利特根据人体内血液、黏液、黄胆汁和黑胆汁这四种体液的不同配方比例，将人的个性差异划分为四种气质类型：多血质、胆汁质、黏液质、抑郁质。

(二)气质是如何形成的?

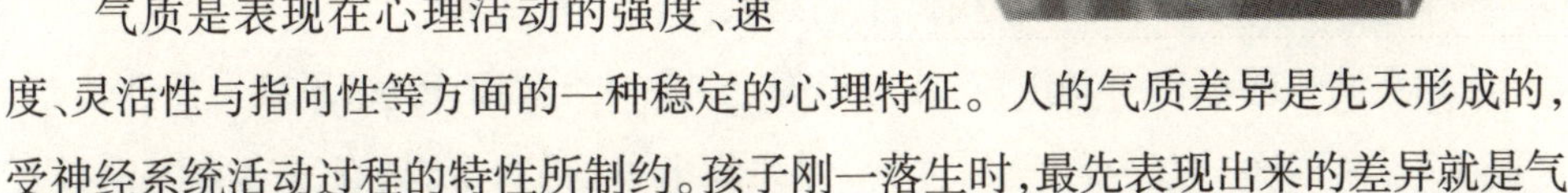

气质是表现在心理活动的强度、速度、灵活性与指向性等方面的一种稳定的心理特征。人的气质差异是先天形成的，受神经系统活动过程的特性所制约。孩子刚一落生时，最先表现出来的差异就是气质差异，有的孩子爱哭好动，有的孩子平稳安静。所有的气质都是天生的，是人的天分之一。个性当中，哪种气质类型好呢？其实，四种气质各有各的特点。要尊重天分，合理运用才是关键。

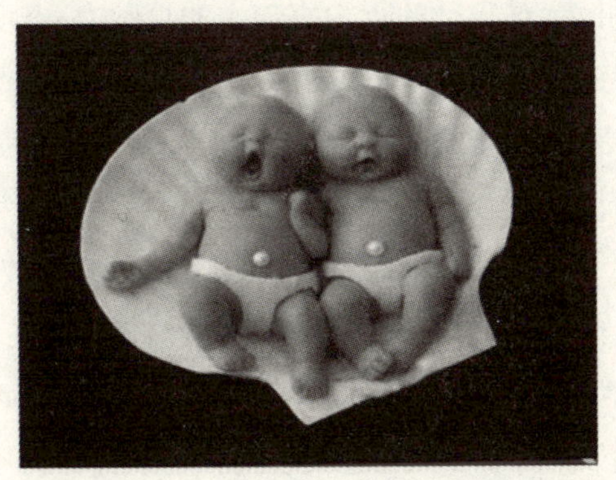

(三) 气质的分类

1.胆汁质的人反应速度快，具有较高的反应性与主动性。这类人情感和行为动作产生得迅速而且强烈，有极明显的外部表现；性情开朗、热情，坦率，但脾气暴躁，好争论；情感易于冲动但不持久；精力旺盛，经常以极大的热情从事工作，但有时缺乏耐心；思维具有一定的灵活性，但对问题的理解具有得过且过、不求甚解的倾向；意志坚强、果断勇敢，注意力稳定集中但难于转移；行动利落而又敏捷，说话速度快且声音洪亮。

胆汁质代表人物——张飞

2.多血质的人行动具有很高的反应性。这类人情感和行为动作发生得很快，变化得也快，但较为温和；易于产生情感，善于结交朋友，但体验不深，容易适应新的环境；语言具有表达力和感染力，姿态活泼，表情生动，有明显的外倾性特点；机智灵敏，思维灵活，但常表现出对问题不求甚解；注意力与兴趣易于转移，不稳定；在意志力方面缺乏忍耐性，毅力不强。

多血质代表人物——王熙凤

3.黏液质的人反应性低。情感和行为动作进行得迟缓、稳定、缺乏灵活性；这类人情绪不易发生，也不易外露，很少产生情绪波动，遇到不愉快的事也不动声色；注意力稳定、持久，但难于转移；思维灵活性较差，但比较细致，喜欢沉思；在意志力方面具有耐性，对自己的行为有较大的自制力；态度持重，好沉默寡言，办事谨慎细致，从不鲁莽，但对新的工作较难适应，行为和情绪都表现出内倾性，可塑性差。

黏液质代表人物——沙悟净

4.抑郁质的人有较高的感受性。这类人情感和行为动作进行得都相当缓慢，柔弱；情感容易产生，而且体验相当深刻，隐晦而不外露，易多愁善感；往往富于想象，聪明且观察力敏锐，善于观察他人观察不到的细微事物，敏感性高，思维深刻；在意志方面常表现出胆小怕事、优柔寡断，受到挫折后常心神不安，但对力所能及的工作表现出坚忍的精神；不善交往，较为孤僻，具有明显的内倾性。

抑郁质代表人物——林黛玉

根据这四种气质类型的描述，你能判断本章开头实验中四个人物的气质类型吗？

第一个人：胆汁质；第二个人：多血质；

第三个人：黏液质；第四个人：抑郁质。

二、小测验:探究你的气质

前面我们已经对气质及其四种典型类型有了一个大致的了解,那么,我们又该如何更加深入地了解自己的气质呢?

特此说明:气质类型是指每一类人共同具有的各种气质特征的有规律的结合。每种气质类型也都有各自的优缺点。应当指出的是,并不是所有的人都可按照四种传统气质类型来划分,只有少数人是四种气质类型的典型代表,大多数人都是近似于某种气质,同时又与其他气质结合在一起。

测一测自己的气质类型

下面这个量表,告诉我们该怎样去认识自己的心理特征,根据分析结果决定采取怎样的调整策略来更好地发挥自己的优势。

你在回答下面量表问题时,认为很符合自己情况的计2分,比较符合的计1分,介于符合与不符合之间的计0分,比较不符合的计-1分,完全不符合的计-2分。

1. 做事力求稳妥,不做无把握的事。
2. 遇到可气的事就怒不可遏,要把心里话全说出来才痛快。
3. 宁肯一个人干事,不愿很多人在一起。
4. 到一个新环境很快就能适应。
5. 厌恶那些强烈的刺激,如尖叫、噪音、危险镜头等。
6. 和人争吵时,总是先发制人,喜欢挑衅。
7. 喜欢安静的环境。
8. 善于和人交往。
9. 羡慕那种能克制自己感情的人。
10. 生活有规律,很少违反作息制度。
11. 在多数情况下情绪是乐观的。
12. 碰到陌生人觉得很拘束。
13. 遇到令人气愤的事,能很好地自我控制。
14. 做事总是有旺盛的精力。
15. 遇到问题常常举棋不定,优柔寡断。
16. 在人群中从不觉得过分拘束。
17. 情绪高昂时,觉得干什么都有趣;情绪低落时,又觉得干什么都没有意思。

18. 当注意力集中于一件事时，别的事很难使你分心。
19. 理解问题总比别人快。
20. 碰到危险情境，常有一种极度恐怖感。
21. 对学习、工作、事业怀有很高的热情。
22. 能够长时间做枯燥、单调的工作。
23. 感兴趣的事情，干起来劲头十足，否则就不想干。
24. 一点小事就能引起情绪波动。
25. 讨厌做那种需要耐心、细致的工作。
26. 与人交往不卑不亢。
27. 喜欢参加热烈的活动。
28. 爱看感情细腻、描写人物内心活动的文艺作品。
29. 工作学习时间长了，常会感到厌倦。
30. 不喜欢长时间谈论一个问题，愿意实际动手干。
31. 宁愿侃侃而谈，不愿窃窃私语。
32. 别人说你总是闷闷不乐。
33. 理解问题常比别人慢些。
34. 疲倦时只要短暂地休息就能精神抖擞，重新投入工作。
35. 心里有话宁愿自己想，也不愿说出来。
36. 认准一个目标就希望尽快实现，不达目的，誓不罢休。
37. 学习、工作同样一段时间后，常会比别人更感疲倦。
38. 做事有些莽撞，常常不考虑后果。
39. 当老师讲授新知识、技术时，总希望他讲慢些，多重复几遍。
40. 能够很快地忘记那些不愉快的事情。
41. 做作业或完成一件工作总比别人花的时间多。
42. 喜欢剧烈、运动量大的体育活动，或喜欢参加各种文娱活动。
43. 不能很快地把注意力从一件事转移到另一件事上去。
44. 接受一个任务后，希望把它迅速完成。
45. 认为墨守成规比冒风险强些。
46. 能够同时注意多件事物。
47. 当你烦闷的时候，别人很难使你高兴起来。

48. 爱看情节起伏跌宕、激动人心的小说。

49. 对工作抱有认真严谨、始终一贯的态度。

50. 和周围人的关系总是相处不好。

51. 喜欢复习学过的知识，重复做已经掌握的工作。

52. 希望做变化大、花样多的工作。

53. 小时候背诗歌，你似乎比别人记得清楚。

54. 别人说你"出语伤人"，可你并不觉得。

55. 在体育活动中，常因反应慢而落后。

56. 反应敏捷，头脑机智。

57. 喜欢有条理而不甚麻烦的工作。

58. 兴奋的事情常使你失眠。

59. 当老师讲新概念时，常常听不懂，但是弄懂以后就很难忘记。

60. 假如工作枯燥无味，马上就会情绪低落。

计分方法：按题号将各题分为四类，计算每类题的得分总和。

胆汁质：	2	6	9	14	17	21	27	31	36	38	42	48	50	54	58；
多血质：	4	8	11	16	19	23	25	29	34	40	44	46	52	56	60；
黏液质：	1	7	10	13	18	22	26	30	33	39	43	45	49	55	57；
抑郁质：	3	5	12	15	20	24	28	32	35	37	41	47	51	53	59。

各项总分：胆汁质＿＿＿＿＿　多血质＿＿＿＿＿　黏液质＿＿＿＿＿ 抑郁质＿＿＿＿＿

评价方法：

（1）如果某气质类型得分明显高于其他三种，均高出4分以上，则可定为该气质类型。如果该气质类型得分超过20分，则为典型；如果该气质类型得分在10~20分，则为一般型。

（2）两种气质类型得分接近，其差异低于3分，而且又明显高于其他两种，高出4分以上，则可定为两种气质类型的混合型。

（3）三种气质类型得分相接近而且均高于第四种，则为三种气质类型的混合型。如多血—胆汁—黏液质混合型或黏液—多血—抑郁质混合型。

三、气质可以“因势利导”

首先，我们要明确气质本身没有好坏之分，也不能决定一个人的社会价值和贡献大小，像普希金是典型的胆汁质特征，赫尔岑是典型的多血质特征，克雷诺夫有着明显的黏液质特征，而果戈理又有着抑郁质特征，但他们在文学上都取得了非凡的成就。而且，不同的气质类型会影响到人对工作和他人的态度。

针对不同的气质，如何应对呢？

胆汁质的我

1.如果你是胆汁质型，那么说明你精力充沛，生气勃勃，是一个积极向上的人；但情绪暴躁，易于激动，容易感情用事。在人际交往时应沉着冷静，善于控制自己的情绪，做到果敢、率直但不急躁。

多血质的我

2.如果你是多血质型，说明你表情丰富，动作敏捷，是个活泼爱动的人；但情绪多变，做事容易轻率。在人际交往时应努力表现灵活、亲切、机敏的一面，尽量避免浮躁。

黏液质的我

3.如果你是黏液质型，那么说明你有沉着、坚毅、冷静的优点，但也有着缺乏活力、消沉等缺点。在人际交往时尽量将自己的情绪调动起来，让他人更多地了解你的内心感受，以便互相交流，达成共识。

抑郁质的我

4.如果你测出自己是抑郁质型，不要着急担忧，气质没有好坏之分。在生活中你可能柔弱易倦，情绪发生慢而强，敏感而富于自我体验，情感深刻稳定，易孤僻。在人际交往时要突破自我封闭心理，把自己的深刻体验表述出去，你会发现那又是一片新的天空。

气质是一个人区别于另一个人的集中表现。印度谚语说："播种行为，收获习惯；播种习惯，收获个性；播种个性，收获命运！"这一点都不夸张。个性是我们个人择业的重要参考因素之一，在职业选择时我们应考虑自己的气质类型与职业的适合性，并且在学习和实践中培养优良的职业性格品质。因为，无论从事什么职业，乐观自信、坚毅果断、独立进取、谨慎自律、宽容豁达、顽强忍耐、灵活机智、善于合作等都是积极的个性特质。

第二节　我的能力

在澳大利亚的一个小村庄里，有一个远近闻名的鞋匠，他做出的鞋不仅精美绝伦，而且无比舒适。就连周边国家的顾客都称赞他做的鞋是世界上最好的。然而，随着名气越来越大，这个鞋匠反而情绪抑郁，内心充满了挫败感。原来，以他的能力，每周做100双鞋不成问题；但出名后，来买鞋的人越来越多，他每周却只能做30双鞋，手头堆积了很多订单，这让他非常焦虑。一个从美国来澳洲徒步的企业家得知此事，特地来探访这位鞋匠。企业家发现鞋匠的痛苦，是因为他所擅长的事情就是把鞋子做到最好，当他在专心做鞋时，效率是最高的，内心也感到愉悦和满足。而此时，销量增长了，他疲于应付各种人，他不擅长销售，并且最让他头疼的就是谈生意。这位企业家把他介绍给了美国的一家著名的鞋企，鞋企的老板特别器重这位鞋匠，给他安排了专门的工作室，专心做鞋并传授技艺，有专门的策划团队、包装团队、销售团队来做鞋子的推广和营销。结果这种出身于偏远山村的鞋开始在国际畅销起来，甚至一度成为抢手货，专卖店经常出现顾客排队买鞋的现象。这就是雪地靴UGG的品牌创始故事。

故事中的鞋匠发挥自己制鞋工艺的优势，把不擅长的市场营销交给公司去做，从而使双方都获得成功。管理大师彼得·德鲁克曾说："大多数人都自认为知道自己最擅长什么。其实不然。一个人要有所作为，只能靠发挥自己的优势。"

一、认识能力

（一）什么是能力

能力是顺利完成某一活动所体现出来的综合素质。能力直接影响活动的效率，是活动顺利完成的个性心理特征。能力总是和人完成一定的活动相联系，离开了具体的活动既不能表现人的能力，也不能发展人的能力。

请同学们推举班上能力最强的几位同学,并要求说明他(她)们的能力体现在什么地方,他(她)们的能力有何不同。

通过观察，我们会发现大家在完成各种事项或活动中表现出来的能力有所不同,任何一种活动都需要参与者具备一定的能力。例如,从事管理工作要具备一定的组织、交际、宣传说服等能力;从事外交工作要具有灵活敏捷的思维、较好的语言表达、较强的记忆能力;从事演艺事业要有敏锐的感性思维、较强的模仿能力 、生动的动作展示能力等。只有在能力上足以胜任工作,才能取得良好的工作成效。

能力包括:

一般能力	特殊能力
进行各种活动都必须具备的基本能力，如观察力、记忆力、抽象概括力。	从事某种专业性活动所必需的能力，如数学、音乐、绘画、飞行能力。

1. 能力的分类

分类标准	内涵
按创造性的大小划分	模仿能力:通过观察别人的行为、活动来学习各种知识,然后以相同的方式做出反应的能力。
	创造能力:产生新思想和新产品的能力。
按功能划分	认知能力:接受、加工、储存、应用信息的能力,以及知觉、记忆、注意、思维和想象的能力。
	操作能力:操纵、制作和运动的能力,劳动能力、艺术表现能力、体育运动能力、实验操作能力等。
	社交能力:人们在社会交往中所表现出来的能力,包括组织管理能力、言语感染能力等。

一个人的能力可以从不同的维度去考量。同学们可以评估一下自己：什么是自己擅长的？什么是自己不擅长的？

(1) 写下自己擅长的事和不擅长的事,诸如阅读、写作、运算、说话、倾听、解决问题、个人管理、学习、团队合作、与人交往、制作、领导能力……

(2) 可以小组间相互评价,并用具体的事例证明成员的“行”与“不行”。

2. 多元智能

在小组之间相互分享后我们可以看出，其实每个同学都有能力，不过能力所表面的方面不一样。所以说，人的能力是多元的，下面我们来了解一下加德纳著名的多元智能理论。

20世纪80年代哈佛大学认知心理学家加德纳提出了多元智能理论，定义智能是人在特定情景中解决问题并有所创造的能力。他认为我们每个人都拥有八种主要智能:语言智能、逻辑数理智能、空间智能、运动智能、音乐智能、人际交往智能、内省智能、自然观察智能。每个人都有不同的智能优势组合。加德纳的多元智能理论是对传统的“一元智能”观的强有力的挑战。

语言智能	有效地运用口头语言或文字表达自己的能力，表现为个人能够顺利而高效地利用语言描述事件、表达思想并与人交流的能力。
逻辑智能	有效地运算、测量、推理、归纳、分类,并进行复杂数学运算的能力。这项智能包括对逻辑顺序和结构关系、陈述和主张、功能及其他相关的抽象概念的敏感性。
音乐智能	人能够敏锐地感知音调、旋律、节奏、音色等的能力。这项智能表现为对节奏、音调、旋律或音色的敏感,以及通过作曲、演奏和歌唱等表达音乐的能力。
空间智能	准确感知视觉空间及周围一切事物，并且把所感觉到的形象以图画的形式表现出来的能力。这项智能包括对色彩、线条、形状、形式、空间关系及它们之间关系的敏感。
运动智能	善于运用整个身体表达思想和情感，灵巧地运用双手制作或改造事物的能力。这项智能包括特殊的身体技巧,如平衡、协调、敏捷、力量、弹性和速度以及由触觉所引起的能力。
人际智能	很好地理解别人和与人交往的能力。这项智能善于觉察他人的情绪、情感,具有体会他人的感觉感受,辨别不同人际关系的暗示以及对这些暗示做出适当反应的能力。
内省智能	具有自我认识并据此做出适当行为的能力。这项智能能够帮助自我认识自己的长处和短处,意识到自己的内在爱好、情绪、意向、脾气和自尊,引导独立思考。
自然智能	善于观察自然界中的各种事物,对物体进行辨别和分类的能力。这项智能有着强烈的好奇心和求知欲,有着敏锐的观察能力,能了解各种事物的细微差别。

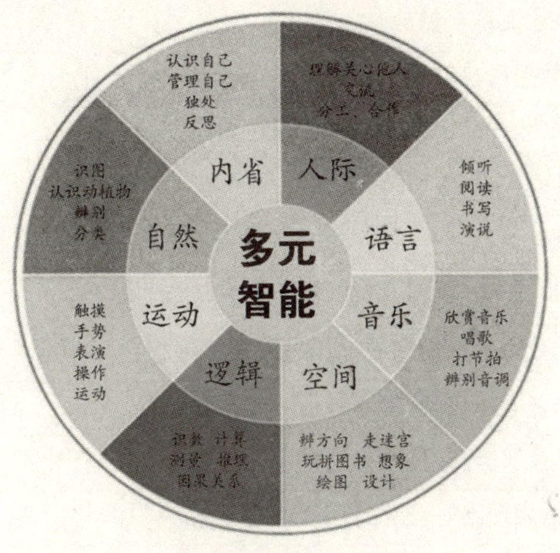

多元智能大转盘

二、我的智能

同学们可以通过“多元智能核查表”来确定一下自己的智能倾向。如果你愿意更进一步了解自己的潜在能力，也可以预约学校的心理老师，为你专门定制“能力与潜能”探索咨询。

请根据自己的实际情况回答下面各组问题，就符合的程度在后边相应的选项方框内打“√”	非常符合	说不准	不符合
A1 聊天时，你常常提及读过或者听过的东西。			
A2 你讲的故事或笑话常常吸引别人，并且善于说服别人。			
A3 喜欢语文或英语，觉得学起来很轻松。			
A4 你回答问题时能做到条理清楚，语句通顺流畅。			
A5 你喜欢阅读，包括书籍、杂志、报纸等。			
A6 喜欢写作，常写日记，作文有时会被当作范文表扬。			
B1 对数学和计算机感兴趣，喜欢跟数字打交道。			
B2 喜欢问为什么，凡事都想究根问底，想要搞清事物工作的原理或机制。			
B3 喜欢看侦探小说或悬念电影，喜欢猜谜语和推理性的游戏。			
B4 解答应用题时，喜欢分析条件和问题之间的数量关系。			
B5 喜欢做实验，想通过自己所看到的东西验证所想或所学的东西。			
B6 喜欢下象棋或跳棋、军棋、围棋等战略性游戏。			
C1 喜欢用图示来说明问题，或向别人介绍一种事物时常常比比画画。			
C2 阅读地图、表格、图表比文章容易。			
C3 喜欢幻想，脑海里常常想象自己喜欢的事物。			
C4 喜欢美术课，喜欢欣赏艺术品、绘画和雕刻，对色彩敏感。			
C5 从小就喜欢拆分玩具或文具，然后重新组合。			
C6 喜欢玩走迷宫的游戏。			
D1 喜欢体育运动，如跑步、游泳、跳绳、打篮球、羽毛球等健身活动。			
D2 看到一件新奇的事物要用手触摸它或操作一下才能理解它。			
D3 善于用手势或肢体语言表达自我，善于模仿或表演。			
D4 喜欢体育或劳技课以及实验课，喜欢自己动手操作。			
D5 在一个地方坐久了，会表现出好动、敲打、烦躁等现象。			
D6 动作娴熟（如收拾文具、做家务等），有较好的活动协调能力。			

（续表）

请根据自己的实际情况回答下面各组问题，就符合的程度在后边相应的选项方框内打“√”	非常符合	说不准	不符合
E1 对流行歌曲很敏感，通常听了几遍后就能够记住。			
E2 唱歌不会走调，并且会跟着音乐打拍子。			
E3 常常哼歌曲或听音乐，生活中喜欢有背景音乐。			
E4 音乐是你生活的重要部分，音乐很容易激发你的情绪和想象。			
E5 在几种备选乐器中，能够辨别各乐器的声音。			
E6 对周围环境中的噪音比较敏感性（如雨打击屋顶的声音）。			
F1 喜欢旅游，较多地谈论喜爱的动植物和自然风光。			
F2 喜欢去动物园、植物园、水族馆和自然博物馆等参观。			
F3 喜欢观察，能注意到同学、家长或教师的细微变化。			
F4 喜欢与自然有关的活动，如观察鸟、蝴蝶或收集昆虫，研究树木和动物。			
F5 喜欢生物课，能较好地完成与生物有关的作业。			
F6 喜欢与动植物、天文地质等自然景象有关的电视节目、录影带、书等。			
G1 喜欢加入小组或者委员会，与他人一起工作。			
G2 喜欢当班干部，常常带头示范。			
G3 喜欢有别人参与的游戏，更喜欢团队运动项目，如篮球、足球。			
G4 喜欢集体生活，不喜欢单独在家里看电视。			
G5 遇到难题，喜欢和别人讨论，而不愿单独想办法。			
G6 乐于助人，有不少好朋友。			
H1 喜欢写日记，记录个人的心思。			
H2 从不知道自己的努力方向，不了解自己的长处和短处，常常觉得无所适从。			
H3 更喜欢一个人独立地工作，独立学习和娱乐时会做得更好。			
H4 独立性强或有主张，遇事喜欢自己拿主意。			
H5 不喜欢说太多自己的兴趣和爱好，不想和他人共享。			
H6 采用与他人不同的学习和生活方式。			
计分方法：各题项“非常符合”“说不准”和“不符合”分别计 3 分、2 分、1 分，每个题组代表一项智能，由 A~H 分别为语言智能、数理智能、空间智能、运动智能、音乐智能、自然智能、人际智能和内省智能，每个题目分别有 6 个题项，最高分为 18 分，最低分为 0 分。将各题组的 6 个题项取平均分即为该项智能的得分。			

（本测验结果仅供参考）

了解了自己的情况，那么你的智能情况适合哪些职业呢？我们一起来看一下吧。

智能类型	适合职业
语言智能	政治活动家、主持人、律师、演说家、编辑、作家、记者、教师等。
逻辑智能	科学家、会计师、统计学家、工程师、电脑软件研发人员等。
空间智能	室内设计师、建筑师、摄影师、画家、飞行员等。
运动智能	运动员、演员、舞蹈家、外科医生、宝石匠、机械师等。
音乐智能	歌唱家、作曲家、指挥家、音乐评论家、调琴师等。
自然智能	天文学家、生物学家、地质学家、考古学家、环境科学家。
人际智能	政治家、外交家、领导者、心理咨询师、公关人员、推销等。
内省智能	哲学家、政治家、思想家、心理学家等。

三、扬长避短，助力成功

马克·吐温作为职业作家和演说家，取得了极大的成功，可谓名扬四海。你也许不知道，马克·吐温在试图成为一名商人时却栽了跟头，吃尽了苦头。

马克·吐温投资开发打字机，最后赔掉了5万美元，一无所获。马克·吐温看见出版商因为发行他的作品赚了大钱，心里很不服气，也想发这笔财，于是他开办了一家出版公司。然而，经商与写作毕竟风马牛不相及，马克·吐温很快陷入了困境，这次短暂的商业经历以出版公司破产倒闭而告终，作家本人也陷入了债务危机。经过两次打击，马克·吐温终于认识到自己毫无商业才能，于是断了经商的念头，开始在全国巡回演说。风趣幽默、才思敏捷的马克·吐温完全没有了商场中的狼狈，反而做得风生水起。最终，马克·吐温靠写作与演讲还清了所有债务。

尺有所短，寸有所长。我们要善于利用自己的优点和长处，设法正确对待自己的弱点和短处，

人生成功的诀窍就在于利用自己的长处。凡成功者，都是根据自己的长处来确定并坚持自己的人生方向，从而如愿以偿地获得成功的。坚守自己的优势方向，就要经得起各种诱惑的考验，不随波逐流。聪明的人往往能够最大限度地表现自己的才华和优点，使自己具有永恒的魅力。因为唯有利用自己的长处，才能给自己的人生增值；相反，暴露自己的短处则会使自己的人生贬值。有一句名言说得好：“宝贝放错了地方便是废物。”

第三节　我的兴趣倾向

她出生在英国格温特郡一个普通的家庭，小时候的她相貌平平，戴一副眼镜，爱好学习，有点害羞，整日流着鼻涕。她从小喜欢写作和讲故事，6岁就写了一篇跟兔子有关的故事。有妹妹做她的忠实读者，从此，这种创作的动力和欲望再没有离开过她。那时她梦想将来能成为一个令人崇拜的大作家。

长大后，她喜欢上了英国文学，大学期间主修的是法语和古典文学。为了儿时的梦想与兴趣，她不断地提升自己的能力，她希望有一天自己的作品能够被更多的人所熟知。有一段时间，她疯狂地写作，写自己的遭遇，写人间百态，写自己的所见所想，凡是她能想到的，她都写了。她希望多发表文章，能以此改善生活，为了节省家里的暖气费，她总是待在小咖啡馆里写作，由于没钱买纸张，她只有把故事写在捡来的小纸片上。故事的主人公是一个10岁小男孩，瘦小的个子，黑色的乱蓬蓬的头发，明亮的绿色眼睛，戴着圆形眼镜，前额上有一道细长、闪电状的伤疤……尽管写作很辛苦，但她没有退缩。因为她不甘心靠领取救济金生活，她相信自己的能力，即使经历了伤害和磨难，她也要用自己的双手吃饭。

她叫J·K·罗琳，她的作品就是全球畅销的《哈利·波特》。《哈利·波特》一连出版七部，每部都引起轰动，备受瞩目，好评如潮。如今已被翻译成73种语言，在全世界的发行量已经超过4亿，创造了出版史上的神话。

一、认识兴趣

你知道自己的兴趣在哪里吗?

如果你对自己的兴趣还不是很清楚，那么先问问自己下面这些问题，看看能否发现兴趣所在。

你在业余时间比较喜欢的休闲活动：____________________

你参加的社团或俱乐部：____________________

你比较喜欢浏览的网站：____________________

你比较喜欢的电视节目或电影：____________________

你比较喜欢的报刊：________________

你与好友聊天时喜欢的话题：________________

你读过的对自己有较大影响的书：________________

通过回答上面几个问题，你是否大致了解了自己的兴趣所在？请写出你探索到的三项兴趣内容。

1.__________ 2.__________ 3. __________

如果不能，也不用着急，下面让我们一起来探索自己的兴趣吧。

二、兴趣的定义

兴趣是一个人因爱好、喜欢而产生的愉快情绪。兴趣，会让我们的生活更美好；有了兴趣，人们才会将自己更多的精力投注于一件事情当中，而这种兴趣投入恰好是幸福感的重要来源。

学习兴趣是指一个人在从事学习活动时，心中所产生的快乐以及满足感。它在学习活动中产生，又是学习动机的来源，它能够使学习活动变得积极主动，从而能获得较好的效果。兴趣影响学业活动中的智力水平和情感体验。根据兴趣产生的目的不同，可将兴趣划分为直接兴趣与间接兴趣两类。

回想一下，你在过去所表现出的兴趣，是因为这个活动本身带来的快乐所引起的（直接兴趣），还是因为你在学习完成之后，获得了自己想要的结果而引起的呢（间接兴趣）？

直接兴趣

- 我喜欢做模型，因为做模型的过程让我非常享受。
- 我喜欢学习历史，因为学习历史使我增长了史学知识。
- ……

间接兴趣

- 我非常喜欢画画，因为我的画作总是会受到老师的表扬。
- 我喜欢学习英语，因为在英语的学习中我可以获得很高的分数。
- ……

三、兴趣探索

有时我们可能只关注于学业的发展，而忽略了其他兴趣的发展。试着回忆或想象自己在不同的年龄阶段对什么感兴趣，尝试着描写出自己的兴趣发展轨迹。

阶段	感兴趣的事物	感兴趣的原因	不感兴趣的事物	不感兴趣的原因
初一				
初二				
初三				
哪些活动我更愿意花费时间				
哪些活动我更易半途而废				

小测验:探究我的兴趣

(一)学科兴趣知多少

兴趣在学生的学习过程中非常重要，如何帮助同学探究自身的学科兴趣，帮助同学更加清楚地认识自己，找到适合自己的基点，从而让自己在未来的发展中不会感到茫然无措，不知所终。

请根据你实际的情况和兴趣倾向，对下面的问题做出相应的回答。

1. 喜欢阅读天文学方面的书籍或文章，与他人一起谈论天文知识。
2. 看小说。
3. 对法律知识感兴趣，经常阅读此类书籍。
4. 读历史方面的书籍。
5. 思考人生观、世界观问题。
6. 对犯罪、家庭纠纷、民事诉讼等报道感兴趣。
7. 对财务、税收、银行等知识感兴趣。
8. 看教育学、心理学书籍。
9. 尝试写些故事和诗歌。
10. 阅读有关技术方面的科普读物。
11. 看农业植物学和动物学方面的读物。
12. 喜欢上物理课。
13. 了解现代技术方面的新成就。
14. 经常观察花草树木和各种庄稼。
15. 一上化学实验课就特别感兴趣。
16. 对修理放音盒、汽车、微机等感兴趣。
17. 喜欢解决复杂的数学难题。
18. 积极参加生物小组。

计分方法：对题中所列举的事情，你非常喜欢的计2分，比较喜欢的计1分，拿不准的计0分，比较不喜欢的计–1分，非常不喜欢的计–2分。然后根据结果，将1~9题（第一部分）得分相加，10~18题（第二部分）得分相加，进行分数统计。若第一部分的得分高于第二部分的得分，则你对语文、历史、政治、地理等

科目更加感兴趣；若第一部分地得分低于第二部分的得分，则你对数学、物理、化学、生物等科目更加感兴趣。（本测试仅供参考）

第一部分总分：________________

第二部分总分：________________

你的兴趣点在哪？为什么？

____

____

____

（二）职业兴趣知多少

我们的职业生活要占据人生一半以上的时间，在探索了兴趣之后，对职业兴趣的探索同样是件有意义的事情，能够帮助你构建起自己的职业兴趣与未来职业之间的联系，以自己的职业兴趣为引导，最终找到你的理想职业。

海岛大探险

假如给你七天的假期，可以和朋友们去美丽的海岛旅行，目前旅行社有六种海岛旅游套餐，分别是去六个不同的海岛度假。你会选择哪个海岛去旅游？你的朋友又会做出什么选择？

R：自然原始的岛屿

岛上的自然生态保持得很好，有各种野生动物。居民以手工见长，自己种植花果蔬菜、修缮房屋、打造器物、制作工具，喜欢户外运动。

I：深思冥想的岛屿

有多处天文馆、科技博物馆及图书馆。居民喜好观察学习，崇尚和追求真知。常有机会和来自各地的哲学家、科学家、心理学家等交换心得。

C：现代井然的岛屿

岛上建筑十分现代化，是进步的都市形态，以完善的户政管理、地政管理、金融管理见长。岛民个性冷静保守，处事有条不紊，善于组织规划，细心高效。

A：美丽浪漫的岛屿

有众多的美术馆、音乐厅、街头雕塑和街边艺人，弥漫着浓厚的艺术文化气息。居民保留了传统的舞蹈、音乐与绘画技艺。许多文艺界的朋友都喜欢来这个地方找寻灵感。

S：友善亲切的岛屿

居民个性温和、友善、乐于助人，社区自成一个密切互动的服务网络，人们重视互助合作和教育，关怀他人，充满人文气息。

E：显赫富庶的岛屿

居民善于企业经营和贸易，能言善道。经济高速发展，处处是高级饭店、俱乐部、高尔夫球场。往来者多是企业家、经理人、政治家、律师等。

想一想

1.你和朋友们选的岛屿分别是什么？想象一下你在这个岛上将怎样度过愉快的七天假期。

2.如果要长期定居在一个岛上，你将做出怎样的选择？想一下：你们的选择为什么会出现差异？出现这种差异的原因又是什么呢？在你未来的发展中，你会为自己制订明确的生涯路线吗？

选择的岛屿	喜欢的活动	喜欢的职业
R 岛(实用型)	愿意从事事务性的工作，喜欢户外活动或操作机器这种有规则的具体劳动和需要基本技能的工作,而不喜欢在办公室工作。	制造业、渔业、野外生活管理业、鱼类和野生动物专家、技术贸易业、机械业、农业、技术、林业、特种工程师和军事工作等。
I 岛(研究型)	擅长处理信息(观点、理论),喜欢智力的、抽象的、分析的、推理的、独立的任务。	实验室工作人员、生物学家、化学家、社会学家、工程设计师、物理学家、程序设计员、天文气象学者、药剂师、动物学者、科学报刊编辑、地质学者、数学家等。
A 岛(艺术型)	喜欢通过艺术作品来达到自我表现,爱想象,感情丰富,不顺从,有创造性,能反省,喜欢写作、音乐、艺术和戏剧。	作家、艺术家、摄影师、音乐家、诗人、雕刻家、漫画家、演员、戏剧导演或编剧、作曲家、音乐教师、记者和室内装潢专家等。
C 岛(事务型)	喜欢系统的、有条理的工作任务,具有实际、自控、友善、保守的特点。擅长组织和处理数据,喜欢固定的、有秩序的工作或活动，希望确切地知道工作的要求和标准。	会计师、银行出纳、行政助理、秘书、档案文书、税务专家、计算机操作员、成本估算员、核对员、打字员、办公室职员、统计员、计算机操作员、法庭速记员等。
E 岛(企业型)	性格外倾,爱冒险活动,喜欢担任领导角色，具有支配、劝说和言语技能。喜欢领导和影响别人,或为了达到个人或组织的目的而说服别人，希望成就一番事业。	这类人往往缺乏科学研究能力，适合商业管理、律师、政治家、福利机构工作者、旅馆经理、广告宣传员、市场或销售经理、公关人员、采购员、电视制片人和保险代理等。
S 岛(社会型)	喜欢社会交往,常出席社交场所,关心社会问题,愿为别人服务,对教育活动感兴趣。	这类人往往缺乏机械能力,适于做导游、教师、社会工作者、牧师、心理咨询员、服务性行业人员、福利机构工作者、公共保健护士等。

四、培养你的兴趣

(一)“横向联合”激发兴趣

横向兴趣是指兴趣之间存在着横向的联结。相对于纵向兴趣来说,兴趣的横向联合具有跨学科联系的特征,以语文为例,其与历史、政治、英语等学科都有联系。当你对语文产生兴趣时,可以以语文作为你兴趣的支点,拓展自身在其他领域的兴趣。

鲁迅先生非常强调博览群书,他在博览群书时有一个习惯,叫作“随便翻翻”,也就是轻松地浏览一般的报刊,有时从一本书里选一篇或几篇文章读读,有时甚至只看看目录。书海漫漫,如果每一本书都一丝不苟地读一遍,一则时间不允许,二则有些书报也无认真研究的必要。所以,对一般性的参考书籍、资料性书籍和消遣性书报,只需要随便翻翻即可,这样省时间、效率高。

“随便翻翻”的学习方法,给人最大的益处是满足学习的猎奇心理,使人对学习始终有一种兴趣;而这种兴趣正是由“横向联合”的方法激发的,广泛涉猎,由一个兴趣点出发,逐渐向与之关联的兴趣发散,最终建立起自己的兴趣网络。

(二)“深入浅出”激发兴趣

所谓“深入浅出”就是把难以理解的概念,用通俗的语言表达出来,使内容更容易理解。每个人在少年儿童时期都有自己特别感兴趣的事,如爱玩汽车、爱搭积木、爱看动画片等。到了高年级后,就应当去发现、了解与爱好有关的知识,如汽车是如何发动的?汽车的构造原理是什么?所学的知识中哪些和它们有关系?这样就把学习的兴趣在原有的基础上发展起来。将学习中遇到的难题,逐渐转化成生活中熟悉的现象去了解,以生动的形式表现出来,帮助我们更好地理解。

第四节　我的价值观

一、什么是价值观

人的想法、观念往往会影响选择，这种想法、观念我们称之为价值观。不同的人有不同的价值观。如何尊重每个人的价值观，学习与价值观不同的人相处；遇到价值观冲突时又该如何进行调整，如何改变自己的心境；这些都是我们在高中阶段需要思考的。我们在学习和生活中进行选择和决策时，应该学会正视价值观的因素，并合理看待自己的价值观。

（一）价值观是人的过滤器

简单地说，价值观就是你的一个过滤器。它决定了什么对你最重要，什么对你不重要，什么是有意义、有价值的，什么是无聊的、乏味的。如果你的价值观与你的学习工作相吻合，那么你会觉得很开心；如果不相吻合，那就会感到很无奈、很痛苦。

很多人在生活中最看重的是能够有更多的学习机会，有较大的发展空间；还有很多人在生活中最看重的是创造性、挑战性，这样可以使他们更具活力；也有一些人最看重的是能否有更多的休闲时间，有没有假期，能不能更多地与家人待在一起；还有一些人看中的是获得更多的报酬与金钱，以便过上优质的生活等。

（二）价值观是成功的基础

有什么样的决定，就会造成什么样的命运，而主宰我们做出不同决定的关键因素就是个人的价值观。一个人要想成为社会上的领导人物，他就必须清楚知道自己的价值观，同时确实按照这个价值观过其一生。社会阶层的各类精英人士，不管是职业人士、企业家或是教育家，能在他们的专业领域取得杰出成就，很大程度上是因为能够发扬光大自身所持有的价值观。

相信你曾经一定碰过棘手的情况——对于某一项选择迟迟做不了决定，这其中的原因可能是你不清楚在这种情况下什么是最重要的价值。由此我们必须记住，一切的选择都根植于清楚的价值观。

（三）价值观是人生决策的依据

当你知道了自己最重要的人生价值所在，那么怎么做决定就易如反掌；反之，如果你不知道什么对你是最重要的，那么就很难做出决定，往往成为痛苦的折磨。人生真正的幸福只有一条路，那就是按照自己的价值观去生活。你有什么样的价值观，就怎么样去行动。

很多人每天只想着追逐超出他个人需要的物质，却从未好好想一想，自己到底要过一个什么样的人生。追逐物质可能会让人有一定的满足感，但无法维持长久的动力，唯有当自己真正明白并确信生命中什么是真正有价值的，你的潜能才能充分发挥出来。

二、价值观探索

下面先来做一个“价值垂钓”的小测验。

今天你跟好朋友一起去钓鱼，湖里有很多条鱼，其中有十二条鱼具有自己的特质。你可以钓五条你认为最有价值的鱼，你会选哪五条？对于另外的鱼，你也可以赋予它们你认为重要的特质。

(这些大鱼的身上所写的价值观倾向有：爱、助人、道德感、智慧、美感、成就感、独立性、健康、快乐、权利、财富、自我成长，还有一些鱼的身上写着“？”，你可以根据自己的经验及理解，进行填补。)

请完成下面的“价值观探索单”。

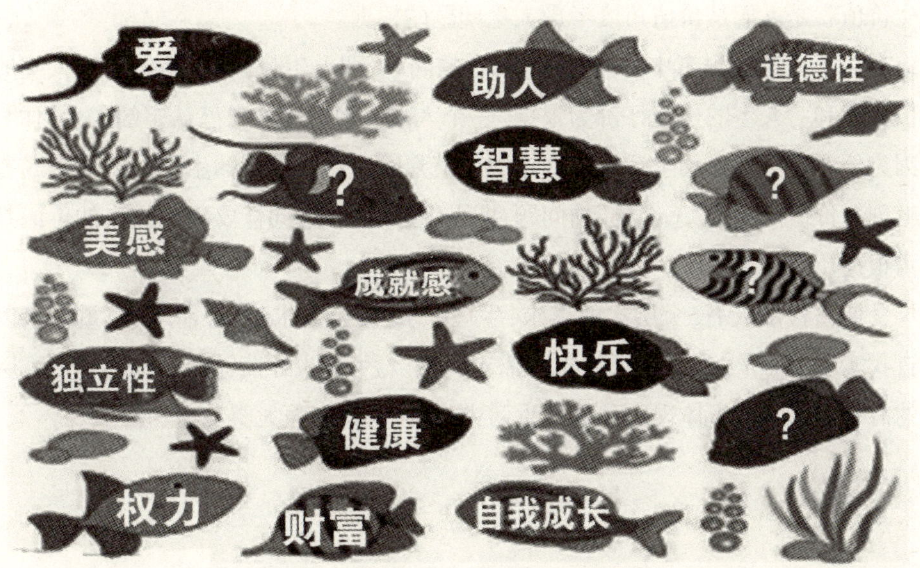

我认为最有价值的五条鱼(价值观)为:

____

____

____

我想放弃的鱼(价值观)为:

____

____

____

我最后留下的鱼(价值观)为:

____

____

____

两种不同的价值观分类:

(一)人生价值观

人生价值是一种特殊的价值，是人的生活实践对于社会和个人所具有的作用和意义。选择什么样的人生目的,走什么样的人生道路,如何处理生命历程中个人与社会、现实与理想、付出与收获、身与心、生与死等一系列矛盾。人们总是有所取舍、有所好恶,对于赞成什么、反对什么、认同什么、抵制什么,总会有一定的标准。人生价值就是人们从价值角度考虑人生问题的根据。

在关于人生的思考中,回答"为什么"的问题,即人生目标的问题,要以人生的价值特性和对人生的价值评价为根据。一个人自觉地追求着自己认定的人生目的,是因为他对自己选择的生活做了肯定的价值判断，认为这样的生活具有价值或者能够创造价值。回答"怎么样"的问题,即人生态度问题,同样要以对人生的价值判断为根据。

马斯洛提出人有5个层次的需求:生理需求、安全需求、社交需求、尊重需求以及自我实现的需求。只有当低层次的需求满足以后,个人才能够更好地实现更高层次的需求。这些需求体现在我们的生活中,就成为具有强大驱动力的价值观。

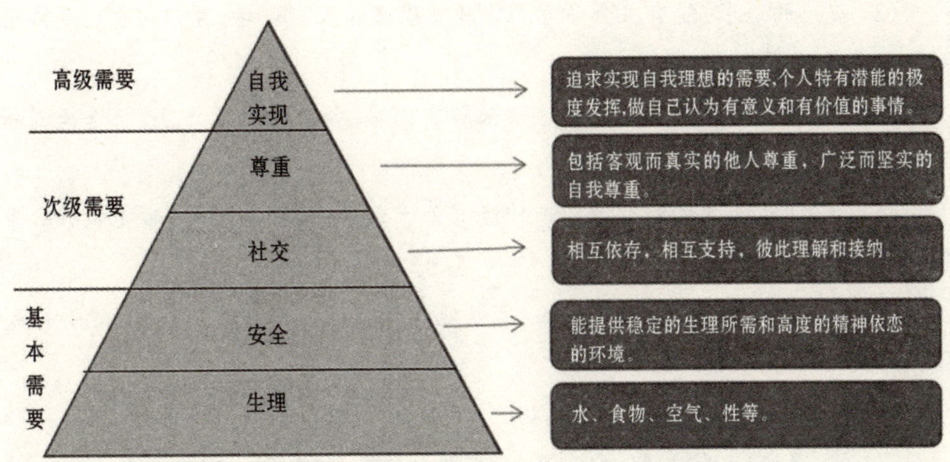

对于高中生而言,其价值观还处于形成和探索期。通过参加各种活动,接触不同的同学,讨论社会热点问题,每个人的价值观进行着碰撞和澄清,这一时期是我们逐渐形成具有鲜明个人特点的价值观的重要时期。同学们要积极参与学校和班级活动,与老师、同学多交流、沟通,有助于你更好地确定自己的人生价值观取向。

(二)职业价值观

职业价值观指人生目标和人生态度在职业选择方面的具体表现，也是一个人对职业的认识和态度以及他对职业目标的追求和向往。进行职业价值观测评,会有助于我们学习专业知识、进行职业决策和提高工作满意度。

理想、信念、世界观对职业的影响,集中体现在职业价值观上。

俗话说:“人各有志。”这个“志”表现在职业选择上就是职业价值观,它是一种具有明确的目的性、自觉性和坚定性的职业选择的态度和行为,对一个人职业目标和择业动机起着决定性的作用。

以下是最为流行的职业价值观理论,大家可以进行选择,看一看自己对哪些价值观选项最为看重。如果需要你从中选择出三个来,你认为哪三个最符合你的需求?

洛特克的价值观理论

根据不同的划分标准，人们对职业价值观的种类划分也不同。美国心理学家洛特克于1973年在《人类价值观的本质》中提出13种价值观:

(1)成就感:提升社会地位,得到社会认同，希望工作能受到他人的认可，对工作的完成和挑战成功感到满足。

(2) 美感的追求：能有机会多方面地欣赏周遭的人、事、物，或任何自己觉得重要且有意义的事物。

(3) 挑战：能有机会运用聪明才智来解决困难，舍弃传统的方法，而选择创新的方法处理事物。

(4) 健康(包括身体和心理)：工作能够免于焦虑、紧张和恐惧，希望能够心平气和地处理事物。

(5) 收入与财富：工作能够明显、有效地改变自己的财务状况，希望能够得到金钱所能买到的东西。

(6) 独立性：喜欢弹性工作，可以充分掌握自己的时间和行动，自由度高。

(7) 爱、家庭、人际关系：关心他人，与别人分享，协助别人解决问题，体贴、关爱他人，对周遭的人慷慨。

(8) 道德感：与组织的目标、价值观、宗教观和工作使命能够不相冲突，紧密结合。

(9) 欢乐：享受生命，喜欢结交新朋友，与别人一同享受美好时光。

(10) 权力：能够影响或控制他人，使他人照着自己的意思去行动。

(11) 安全感：能够满足基本的需求，有安全感，远离突如其来的变动。

(12) 自我成长：能够追求知识上的刺激，寻求更圆满的人生，在智慧、知识与人生的体会上有所提升。

(13) 社会责任：将工作中的人际交往看得非常重要，渴望能够在一个和谐友好甚至被关爱的环境中工作。

学习价值观小测试

请你按照自己的实际情况在“是”或者“否”选项下打“√”。

题目	是	否
1.上课老师提问时,我不喜欢听同学回答问题和老师总结		
2.我的学习成绩如果比别人差,就会感到难过		
3.做功课和接待朋友这两件事,我更喜欢后者		
4.每天晚上和星期日的学习时间,我都安排得井井有条		
5.我觉得学习是一件苦差事		
6.作业中遇到难题,我喜欢自己动脑筋思考去解决		
7.我很少预习,也照样听课		
8.假期里我也是每天学习,从不赶作业		
9.不感兴趣的课程,我就不愿花很大力气去学		
10.我喜欢和别人讨论学习中的问题		
11.我在考试前“临阵磨枪”,效果往往挺好的		
12.我听课时从不走神,总是尽量领会老师讲课的内容和意图		
13.学习成绩不好,我不在乎		
14.即便是我特别想看的电视节目,在没做完功课前也不看		
15.老师留的选做题太难了,我一般都不做		
16.就是想多学一点知识,考试不考试无关紧要		
17.我在学习上往往只有三分钟热度		
18.我喜欢琢磨习题的多种解法		
19.上课没听明白的问题,我不愿意向老师或同学询问		
20.我不在乎老师讲得好不好,主要靠自己努力		
21.喜欢解答能从教材中找到答案的习题		
22.偶尔一次考不好,我不气馁,总会赶上的		
23.我在学习时有点噪音就学不下去了		
24.不管老师布不布置作业,我都有自己的学习内容		
25.现在学习的东西,将来用不上,不是白学了吗		
26.平时有个小病小灾的,我从不耽误学习		

（续表）

题目	是	否
27.每次发下试卷，只要听明白老师的试卷分析就不再改正自己试卷中的错误		
28.当天的功课当天完成，我从不拖拉		
29.我不喜欢看课外参考书		
30.每次考试后，都会分析自己的试卷，找出知识中的缺陷		
31.每天课后写完作业，我就觉得踏实了		

（本测验仅供参考）

评分标准：

凡偶数序号的内容，选择“是”的记 1 分，选择“否”的记 0 分；

凡奇数序号的内容，选择“是”的记 0 分，选择“否”的记 1 分。

25～31 分　学习主动性很强

16～24 分　学习有主动性

15 分以下　学习缺乏主动性

你的分数：________________

你的想法：________________

____

____

第四章 自我发展与管理

第一节　快速适应高中生活

进入高中,同学们要面临新的环境、新的课程、新的班级组织以及新的老师,加上自身成长过程中出现的身心变化,可能内心会有孤独、困惑或者不安感等情绪产生。但是,毋庸置疑的是,高中将是你的一个新起点。在这里,你将从一个新的高度迈向未来的生活,走向美好的人生。当你还未真正走进高中校门,或许会不自觉地问自己:我该如何面对即将开始的高中生活?应该怎样快速地调整自己的心态?

有一个著名的心理学实验:把一只小猫放进一间全是竖线条的空间里,让它自由自在地生活了一段时间;然后又把它放入背景全是横线条的生活空间中,结果这只小猫却东倒西歪,站不稳了。然而,在这个新的空间中生活一段时间之后,这只小猫很快恢复了精力,变得非常活泼。心理学家发现,地球上的所有生物,到一个新环境中,都需要一个适应的过程,并且都会积极主动地学习,以求更快更好地适应。

一、进入高中要面对的变化

(一)环境的变化

进入重点高中就读的新生大多是从初级中学选拔而来，面对陌生的脸孔和全新的环境往往不知所措,内心渴望与新同学建立友谊,但由于彼此不了解难以打开心扉,在各种活动中容易感到孤独和困难,造成新生情感上的闭锁性。初次住校的同学更是普遍想家,很多同学会怀恋初中的老师和同学。想家恋旧的心理可能会延

缓新生对新老师、新同学人际关系的建立和学习生活环境的适应过程。要相信每一个同学和老师都是张开手臂迎接自己的，每个人都渴望互相认识和交流，尽自己的能力帮助身边的同学，你会更快融入这个新家庭。

(二)老师教学方法的改变

教学方法是为实现既定的教学任务，师生共同参与教学活动的方式、手段和方法。任何方法的选择、运用都必须视各方面条件和实际情况而定。初中老师以传授基础知识和训练基本技能为主要目的，对教学活动控制程度比较高，同学的自主学习能力只是得到了浅显的发展。高中教师教学方法、策略、模式与初中有很大的不同，注重学生自主意识和自学能力的培养，训练学生更高层次的思维积极性、独立性和创造性，引导大家从更多角度对问题进行纵深思考，同时把良好的情感品质作为重要的素质因素来优化发展。新生对教学目标的不同而引起的教学方法上的变化、教师教学风格的变化，很难在短时间内完全适应。

(三)学习内容的变化

高中学习内容较初中相比有许多不同之处：深度挖掘、广度拓宽、梯度增强、角度多维，这是新生难以适应高中的重要原因。从教的角度讲，高中老师对学生提出更高的期望和要求，引导学生对教学内容进行更深层的探究，去发现一般性规律，同时介绍大量的、相关的内容来拓宽学生的知识视野，培养抽象概括能力。高中老师们还会有意训练大家从多个角度去观察、分析问题，教学内容更注重系统性、序列化和阶梯度。随着学习科目的增多和学习内容的加深以及方法的改变，高一新生要尽快适应老师们新的授课方式，在方法和学习习惯上摒弃初中的“老路子”。

(四)角色转变的反差

进入到高中的学生有相当一部分在原学校是班干部，甚至是班级、学校的“明星”人物，但进入新学校、新班级后，笼罩在头上的光环似乎一下子黯淡下去了，成了一名普通的高中生，内心的“优越感”消失不见。进入新环境后，因角色转变而带来的巨大落差，可能会导致一些同学心理失衡。而这种角色的变化，恰恰是一种人生的挑战，需要新生快速调整自己的定位，找到自己努力的方向。

（五）独立能力的挑战

高中新生刚入学时自主、自理能力都相对较低，有些同学经常依赖父母，从而形成的心理行为习惯难以在短时间内克服掉；面对新的独立学习和生活时，有些同学缺少心理准备，常感到心有余而力不足。因此，这一时期需要新生转变思想，用高中生的行为准则要求自己，自己的事情自己做，尽量多地锻炼自理能力，有利于快速地适应高中生活。

二、如何适应高中的生活？

（一）多去校园里各个角落和校园周围看看

心理学家研究发现，一个人对新环境的排斥和抵触大多是由于陌生感；因为不熟悉，所以觉得自己无法了解和掌控，周围的一点风吹草动都可能对其情绪造成压力，让其出现紧张感。在这个阶段，新生可以利用课余时间，细心地了解现在所处的地理环境；尽可能早地约上同伴，到处转一转，了解即将学习和生活的整个学校。

（二）适应新高中生活的五个“主动”

1.主动地适应新环境、融入新环境。很多同学之所以不能适应新环境，是因为遇到困难时会抱着“从前怎样怎样好”“要是回到以前该多好”的心态，总拿过去和现在比。新的环境，全新的一切，意味着同学们有更多的机会去展现自我，结交新朋友，学习新东西，追寻新梦想，规划新人生。新的环境，或许是压力，是挑战，但更应该是机遇，是希望。对新环境抱着一颗积极接受的心，就已经开始了融入新环境的第一步。进入新环境，面对孤独、无助、迷茫的最好方法就是把自己尽快融入集体中。还有一个小窍门——为集体主动服务，让自己找到在新集体中的自我价值，认识和了解更多同学，继而增强信心，有利于新生在高中阶段更好地适应。

2.主动地认识新朋友、结交新朋友。朋友在一个人成长过程中起着非常重要的作用；对于刚刚进入新环境的同学，更需要同龄朋友的理解与支持。要主动结交、不等待，座位周围、同一宿舍或小组及毕业于同一所初中的同学等都是最容易建立最初友谊的人。

3.主动地认识自己、悦纳自己。在新的环境里,只有为自己准确定位，才能制订适合自己的目标和计划，才能形成前进的动力。要做到这一点,首先要学会认识自己，既了解这个年龄所具有的普遍心理特征，又要了解自己的个性特征,了解自己的优势和不足,悦纳自己,客观地认识和评价他人的优点和缺点,宽容他人的不足,学习他人的长处,弥补自己的不足,不断获得进步。

4.科学合理地学习。进入高中,由于课程内容、难度、数量和能力要求的变化,“学习”成为高一新生首先要攻克的堡垒。要想尽快适应高中学习,首先必须了解高中课程和初中课程学习的差异(如前所述);其次在学习上要养成积极主动和科学合理的学习习惯，所谓积极主动是说要重视高中阶段的学习，要为自己及早定好目标和计划安排，自主学习、探究学习。事实证明，那些成绩优异的同学大多能主动发展自己，做学习的主人。所谓科学合理，是说要养成良好的学习习惯和掌握学习方法，比如我们提倡高中学习的 “四先四后两小结” 的方法。“四先四后” 就是指：①先预习后听课；②先复习后作业；③先分析后解题；④先理解后记忆。“两小结”是指:每周利用双休日对一周所学内容进行清理，每学完一个单元做一次书面整理小结，做到堂堂清、课课清、段段清。好的学习方法一旦形成，就能达到事半功倍的效果。

5.主动求助。大多数同学都有能力顺利走过高一,为高中学习、生活奠定坚实的基础。但是也可能有一些同学,因为个性、认知、经历、家庭等原因,在成长过程中可能会出现这样或那样的困惑,自己无法解决,这时候一定要养成主动求助的意识和习惯,你可以向你的同学、老师、亲人求助,也可以向专业的心理咨询师求助。心理咨询的任务就是帮助你更清楚地认识自我,澄清困惑的症结所在,寻找解决问题的途径,更好地发展自我、完善自我、成长自我。

从心理学的角度来说,高一新生应做好以下三方面心理准备:

1.尽快调整认知。明确地告诉自己:我到了一个崭新的环境,一切都要从头开始。

2. 尽快调整情绪。面对高中全新的学习生活,同学们的情绪反应是复杂的:有人兴奋,有人惶恐,有人轻松,有人压抑,等等。要适应新的学习环境,取得好的学习成绩,就要学会调整情绪,让自己的心情与新的环境相匹配。可以多与同学、老师进行一些沟通,多向周围那些适应较好的同学学习,遇事多动脑筋多想办法。

3.尽快调整行为。调整学习方法、社交方式、生活习惯、生活策略,尤其是学习方法,从预习到听课,从听课到练习,从课上到课下,落实好每一个细节。

总之,只要大家抱着一种积极主动的心态,在生活中遇到不明白的问题及时找同学和老师咨询、商议,每天都能留出三五分钟思考一下当天的收获和不足,很快你就会发现,高中生活并没有你想的那样难。

三、长假开学,我们需要准备什么

长假过后很多同学都处于完全放松的状态，以致在开学后需要很长一段时间来调整。但是,无论高一、高二还是高三的同学,用于学习的时间都是非常宝贵的,而且高中的知识难度较大,一不用心很容易就会落后于人。因此,如何快速进入学习状态就成了在学习战场上胜人一筹的砝码。以下介绍了假期开学后自我调整的五大方法。

(一)调整时间节奏

假期里，很多同学看电视、玩电脑、一觉睡到自然醒，开学前两天才突击写作业……临近开学时，大家先要做好调整作息时间的准备，相对应的还有就餐时间、学习时间等，逐渐调整到上学时的节奏，适度减少看电视和玩游戏的时间，不然开学后会迟迟进入不了状态。在假期中特别能熬夜的同学，要尽早开始调整生活习惯，才能在学校有最佳的学习状态。

(二)准备学习用品

学习用品要早早做好准备。开学前可以准备书包、笔、练习本、作图工具等,千万不能在开学后再匆匆忙忙地采购，更要谨防开学第一天才准备,到时大家都拥挤在文具店,内心焦虑不说，还常常遗漏些许学习用

品。同学们应仔细检查和整理假期作业，不要出现落了作业题目没有做或者丢掉作业本的情况。

（三）制订目标和计划

新的学期，新的希望，每个同学都希望在新学期里有好的表现。假期开学前，制订切实可行的目标和学习计划，能起到激励作用。计划制订好了，还要在新学期内严格按照计划执行，才能达到理想效果。

（四）主动掌握学科学习方法

1.要主动预习。预习是学习的一个重要环节。通过预习，可以对自己将要学习的内容有初步了解，从而有重点、有目的地去听课，尤其是自学不能够弄懂的知识，更要注意老师的分析与推理，学会正确的思维方法。预习时，要养成“不动笔墨不读书”的习惯，对课文中关键知识点、知识结构可圈可点，可做些笔记，这不但能够加深学习的印象，而且能够为以后的学习积累资料，极大地提高学习效率。预习的时间和科目可根据当天的学习情况灵活安排，基础薄弱的学科应坚持课前预习，这样，在听课时基本上就可以做到有的放矢，争取主动。

2.保证听课效率。听课时间是同学们主要的学习时间。听课效率高，当堂掌握的知识与方法就多，同学们就有可能按时完成学习任务，做练习时往往能够得到一种愉快、成功的体验，进一步激发学习欲望，促进学习成绩的提高。有些同学听课时存在以下几种不良倾向：一是自以为学懂了，走神；二是一遇到难点听不懂，就情绪紧张、烦躁不安；三是不注意听老师的分析，不跟随老师的思路，只顾埋头记笔记。科学地听课应做到上课保持注意力集中，与老师一同思考，注意和老师交流，探讨问题、解决问题，适当地对一些重点内容做些简要笔记，课后再整理，形成自己的知识体系，学习效果会大大提高。

3.坚持巩固复习。复习是将学习的知识转入长期记忆的良好途径。低效的学习往往只停留在课堂听讲、课后做练习的简单模式上，没有讲求科学的复习方法。复习的途径和方法有很多，整理课堂笔记，阅读教材，背诵重要内容，做练习，与老师、同学相互讨论某些问题，归纳知识体系，重点突破某个知识点等都是复习的形式。每个同学都可结合自己的实际情况进行科学系统的复习。

（五）主动与同学交流

1.要用积极主动的态度与班级同学交往。不能够事事等待别人来关心自己，更不能孤芳自赏。可主动向他人介绍自己的优点、缺点及爱好、性格等，让他人更快了解自己,从而主动与别人建立良好的人际关系。

2.主动帮助同学。当别人有困难时,应该尽自己的能力去帮助别人,在学习上、生活上多关心他人。这样,你就会赢得友谊与快乐。

3.积极参加班集体活动。班级开展的主题班会、讨论课、校内及社区活动、运动会、文娱活动等,不仅要积极参加,而且要尽自己所能,为班级争光。这既是展示自己、把自己融进班集体的大好机会,又能培养自己的兴趣爱好、发展能力,何乐而不为呢?

第二节　如何制定和管理目标

1953年哈佛大学曾经做过这样一个关于目标对人生结果影响的调查，一群智力、学历、环境、条件都相差无几的学生在走出校门之前，哈佛大学对他们进行了一次关于人生目标的调查。

25年后，哈佛大学再次对这群学生进行了跟踪调查，结果是这样的：

25年前	25年后
3%有清晰且长远目标的人	一直朝着同一个方向努力，成为社会各界的顶尖成功人士，他们不乏白手创业者、行业领袖、社会精英。
10%有清晰但比较短期的目标的人	他们生活在社会的上层，他们的短期目标不断达成，成为行业专业人士，有很好的工作，比如医生、律师、公司高级管理人员等。
60%目标模糊的人	他们生活在社会的中层或下层，尽管能够安稳地生活，但是没有取得什么成绩。
27%没有目标的人	他们生活在社会底层，生活得十分不如意，不断抱怨社会和他人，经常失业，家庭也不幸福。

这一实验说明目标对人的成功多么重要。一个明确的目标为什么具有那么大的作用？这是因为：

1. 它给人以明确的方向感，使人充分了解自己每个行为的目的；
2. 它让人清晰地评估自己的行为，进而经常反思自己的行为；
3. 它让人从忙乱中将注意力转移到自己的工作重点上；
4. 它让人更关注结果，产生持久的动力；
5. 它能激发出人的潜能。

现代社会，规划决定命运，有什么样的规划就有什么样的人生。我们的时间非常有限，越早规划你的人生，你就能越早成功。

一、目标设立与执行

高中三年是人生成长中重要的三年，我们要做好每一个规划。

从初中阶段进入到高中阶段，在学习上要跨过一个较高的台阶。为了顺利地跨越这一台阶，要有足够的思想准备，要以新的、不同于初中的学习方法学好高中的课程。一个人确立自己的理想并不难，难的是有一个为实现理想而攀登的规划和决心。为此，制订一个高中三年的规划是非常重要的。

高中六个学期的分析和自我目标

为实现高中三年的规划，必须做到：树立信心，满怀激情，走好成功第一步。切忌盲目激情，要有计划、分步骤地学习，养成踏实认真的学习态度。

1. 高一上学期是从初中到高中的过渡时期。这个时期最主要的目标是：积极适应各科老师的教学方法，迅速吸收新知识；同时稳住脚跟，一步一个脚印地进步。所以这个学期的目标简单来说就是四个字：适应、稳定。

2. 高一下学期是适应后的习惯养成期。这个时期同学们由于对自己的学习态度、方法、能力有了一个比较客观的认识，因此对各学科特点有了一定掌握。这个时期的主要目标是：重点培养良好的学习习惯，形成适合自己的学习方法，做到循序渐进、有规律地学习，全面发展，形成自己的优势学科。简单来说就是：养成好的作息和学习规律。

3. 高二上学期是定位起飞期。此时，高中生活早已适应，学习方法、习惯也已经成熟，所以，这个时期就要开始有所突破。这个时期最主要的目标是：在稳定的学习中寻求自身的突破。

4. 高二下学期是稳步发展期。有了高二上半学期的起飞和突破之后，又要开始稳住脚跟了，这时要全面、客观地看待自我和他人，毕竟“知己知彼，百战不殆”。这个时期最主要的目标是：稳定自我水平，基本确定自己在年级的成绩定位。

5. 高三上学期是扎实复习期。经过高二的认知后，自己的学习也稳定下来，不再有较大波动。同学们要完全静下心来稳扎稳打地复习；此时也要注意调整心态，摆正主观态度：保持新鲜的求知心、坚定的自信心和坚持的态度。不要受客观环境的影响，按部就班地完成自己的计划。

6. 高三下学期是加速冲刺期。同学们可以适当地做些拔高，并全面解决自己所面临的问题，查缺补漏，扫除残敌，不留后患。还有，此时心理素质也很重要，学生要时刻摆正心态，注意情绪的变化，及时做到自我调整、自我鼓励和认定。正如爱迪生所说：“自信是成功的第一秘诀。”

二、自我规划拓展训练

重要的不是别人做了什么,而是你想要做什么。下面请思考你要达到的不同目标,确定它并详细地列出你的计划。

我的短期目标(近一个月):________________________________

____

我的长期目标(高一第一学期):____________________________

____

我的优势:______________________________________

____

____

我的不足:________________________________

____

同学们明确目标时可以参考SMART原则:S(Specific)具体的(反映阶段的比较详细的目标);M(Measurable)可衡量的(量化的);A(Attainable)可达到的(可以实现的);R(Relevant)相关的;T(Time-based):以时间为基础的(阶段时间内)。

你可以把抽象的、无法实施的、不可衡量的大目标简化成为实际的、可衡量的小目标。

将目标定得高些,远大的目标使你走得更快、更远,即使达不到你预想的那种速度,但也会比没有目标或是过低的目标更能催人奋进。不必担心你的能力,一位哲人说过:“决心攀登高峰的人,总能找到前进的道路。”一个人追求的目标愈高,他的才能和事业也就发展得愈快。

第三节　如何提升自控力

“我们无法控制这个世界，但我们可以控制自己如何去看待这个世界。”

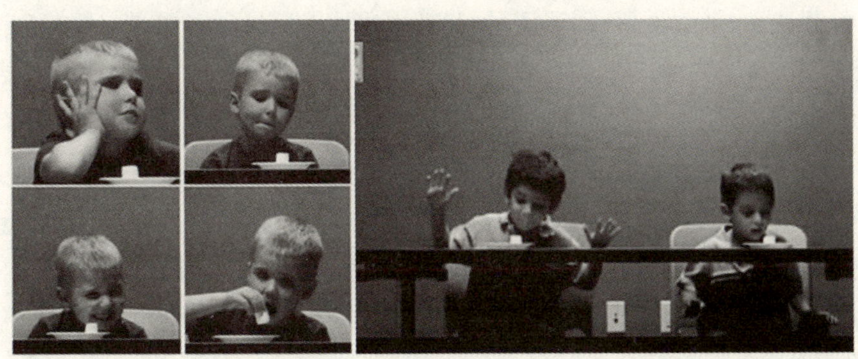

1972年美国斯坦福大学的米歇尔教授，在所在大学旁边的宾格幼儿园找了一群4岁的孩子，做了一个小小的“棉花糖实验”。十几年以后，米舍尔教授追踪发现：坚持15分钟不吃棉花糖的孩子，SAT（美国高考）分数比那些马上吃掉棉花糖的孩子平均分高出了200多分；长大以后，前者不论是在事业上还是在人际关系的处理上，都更优秀。心理学家们解释道：坚持不吃糖的孩子，他们更有自律性，更有自控力，更有耐心，更有“延迟满足”的能力和“规划未来”的能力。为什么有些孩子“坚持不吃”，而有些孩子“马上吃掉”呢？1972年的一块香甜的棉花糖，对孩子还是非常有诱惑力的。

究竟是什么决定了自我控制能力？

根据数百个小时的观察，米歇尔认为，关键在于“策略地分配注意力”：那些有耐心的孩子会用手遮住眼睛，或者在桌子底下玩躲猫猫，或者高唱从电视上学会的儿歌。“他们的欲望并没有消退——只是被暂时忘记了。”米歇尔说，“如果你不停地记挂着棉花糖，想象它的美味，就可能会急不可耐地吃掉它。”关键在于：不要去想它。对于成年人，这个技巧又叫“后设认知”或者说是对自己思维模式的认识，正是有这种自知之明，人们才能够克服本身的缺点。米歇尔的大量实验数据证明，有自知之明的孩子更擅长推迟享受。这个实验最有趣的地方在于，实验对象是4岁的孩子，他们刚开始认识自己的思考模式。米歇尔说：“那些最急不可耐的孩子往往将规则本末倒置。他们认为抵御棉花糖的最好方法是紧盯着它们，视线一刻也不离开目标。如果这样做绝对坚持不了30秒。”

一、自控力是什么

自我控制能力是个体在没有外界监督的情况下，适当地控制、调节自己的行为，抑制冲动、抵制诱惑、延迟满足、坚持不懈地保证目标实现的一种综合能力，是意志力的表现。它是我们自我意识的重要成分，是一个人走向成功的重要心理素质。

在生活中，一些人常要在周末或晚上放弃休闲活动，专心工作，难道他们不知道怎么消遣吗？这其实就是延迟满足的表现。为了保障退休后的生活，现在就将部分收入储蓄起来或者用于再投资，这也是延迟满足的表现。为了有健康的身体，不抽烟、不酗酒、不暴食，这也需要延迟满足的能力。

人有各种不同的目标，有些目标比较遥远。要完成遥远的目标，需要刻苦辛勤地工作。当完成目标时，所得的回报也很大。但要完成目标，便要付出代价，譬如要放弃即时的享乐，约束自己的行为。有时为了达到目标，先要完成一些比较单调的工作。比如，为了成为一位律师，就得先强记法律条文。人在从事这些单调的工作时容易疲倦，甚至会感到厌恶。这时候，一些可以令人获得即时快感的活动便成了一种很大的诱惑。如果在沉闷的工作中找一点消遣，也是无可厚非的事。可是，如果缺乏意志力，每遇上外界的诱惑，便放下学习或工作去追求即时享乐，这便很难完成自己的目标了。

中学生自控力调查问卷

1.如果别人不督促你，你极少主动地学习（　　）

A.是　　B.不是

2.你一读书就觉得疲劳与厌倦，只想睡觉（　　）

A.是　　B.不是

3.父母对你学习方面的要求，你认为（　　）

A.没有要求，从不关心我的学习　　B.过高，很难达到

C.一般，不提具体要求，尽力就行　　D.稍高，只要努力就能达到

4.除了老师指定的作业外，你不想再多看书（　　）

A. 是　　B.不是

5.你对学习的态度是（　　）

A.讨厌学习，不学习，在学校混一天是一天

B.不喜欢也不讨厌，学习是我的任务，尽力完成

C.喜欢学习，学习是一件有意思的事情

6.你常为短时间内成绩没能提高而烦恼不已（　　）

A. 是　　B.不是

7.为了及时完成某项作业，你废寝忘食、通宵达旦（　　）

A. 不会　　B.有时　　C.经常

8.为了把功课学好，你放弃了许多感兴趣的活动，如体育锻炼、看电影与郊游等（　　）

A.绝不会　　B. 是　　C.有时

9.如果你能改变自己，最希望改变（　　）

A. 不知道　　B.容貌　　C.财富　　D.知识

10.你每周的生活费用够用吗？（　　）

A.经常负债　　B.不太够用　　C.基本够用　　D.有剩余

11.你感到老师或同学歧视自己吗？（　　）

A.常常感到　　B. 很少感到　　C.没有感到

12.你总感觉别的同学穿得比自己好？（　　）

A. 是　　B.不是

13.你是否觉得周围的环境常干扰你的学习、生活？（　　）

A.是　　B.不是

14.你学习成绩不够理想的原因是（　　）

A.老师讲课不好　　B. 学习环境不够好

C.自己的学习方法不对　　　　D.自己努力不够

15.上课时，你能否集中注意力学习？（　　）

A.不能　　　　B.有时能　　　　C. 能

16.你对现在的学校生活感到不适应吗？（　　）

A.是　　　　B.有时　　　　C. 没有

17.考试成绩不好，你感到难过吗？（　　）

A.没有　　　　B. 总是　　　　C.有时

18.你觉得需要老师的帮助吗？（　　）

A.需要　　　　B.不需要

19.你有信心改变自己的缺点吗？（　　）

A.无　　　　B.一点　　　　C.很有信心

20.你认为你所在班集体班风、学风情况（　　）

A.较差　　　　B.一般　　　　C.很好

21.你的作业质量如何？（　　）

A.不交作业　　　　B.作业质量差　　　　C.各科作业质量都很好

22.在班级、学校的活动中，你往往是如何表现的？（　　）

A.老师要选人的时候，我尽量让老师看不见我

B. 内心还是比较想参加的，但不会主动跟老师说

C. 积极地报名、参加，为班级争得荣誉

23.如果打扫教室时其他人都走了，你会怎么做？（　　）

A. 反正大家都跑了，我也不必留下来，要罚大家明天一起罚

B. 粗略地打扫一下整个教室，使教室卫生勉强符合要求

C. 就算只有我一个人，我也会坚持把教室打扫干净再走

24.老师不在，教室里纪律不好时，你会怎么做？（　　）

A.我往往就是使教室纪律不好的那个人

B. 我能管好我周围的人,远处的人就交给他们身边的人来管理吧

C.只要有人破坏纪律，我就会站出来维持班上的纪律，保证大家的学习氛围

25.你对上网有什么看法？（　　）

A. 一有时间，我就会上网游戏，聊天

B.我以学习为重，从不涉足网络游戏

C.网络是我们的有力助手,适当地用来学习、休闲

计分规则与结果解释:

每个题目若选A计1分,B计2分,C计3分,D计4分。上述25个题目是针对中学生的学习自控力,从学习动机、自信心和责任感三个方面进行的测试。得分在35分以下,自控力较差,没有明确的学习动机和目标,缺乏自信心和责任感;35~50分,自控力一般,需要适当地鼓励鞭策;50分以上有较好的自控力。

三、如何训练自控力

钱锺书先生在《围城》中有这样一段关于吃葡萄的文字:“有一堆葡萄,乐观主义者,必是从最坏的一个葡萄开始吃,一直吃到最好的一个葡萄,把希望永远留在前头;悲观主义者则相反,越吃葡萄越坏,吃到绝望为止。”心理学研究表明,延迟满足是一种人人都可以学习的能力,我们有可能通过不断的练习学会在先吃好葡萄还是坏葡萄中找到平衡。下边引用一个美国学校的例子来说明训练自控力的方法。

美国有一所著名的公立学校KIPP,他们成功地让许多贫穷的黑人、拉丁裔孩子考上了大学,转变成中产阶级甚至成功人士,创造了美国公立教育的奇迹。穷人要想脱贫也非常简单,只要达成三个条件:一是高中毕业;二是先结婚、后生孩子;三是坚持做一份全职工作。

但是有一部分人还是做不到,因为三个条件都需要自身拥有“自控力”:没有自控力,无法学到基本的读写技能,高中就毕不了业;没有“自控力”,青春期的躁动就无法控制,可能会出现单亲爸爸或妈妈,家庭经济很难出现反转;没有“自控力”,就不能坚持全职工作,三天打鱼两天晒网,迟早被公司辞退。

而美国的KIPP学校,可以帮助学生训练“自控力”,让他们成长为一个对自己、对他人和社会负责的人。KIPP的理念有两个关键点,叫作“work hard, be nice”——努力学习,做个好人。对于KIPP学校来说,“做个好人”绝非是一句空洞的口号,而是一系列详尽的行为准则和一整套训练方法。这套训练方法就是:培养七种品质,训练良好礼仪。

(一)培养七种品质

坚毅　自控　热忱　社交　感恩　乐观　好奇

KIPP的创始人之一大卫·莱文曾对其毕业生进行了跟踪分析，结果发现：最终在大学取得成功的学生，并不一定是成绩最好的学生，而往往是那些拥有某些优良品质的人，比如说乐观、适应能力强、善于社交。

宾夕法尼亚大学的两位心理学家总结了24条美德。莱文很喜欢这个理论，便直接找到这两位心理学家，请他们帮忙提炼。于是KIPP的学生有了现在的7个目标品质：坚毅、自控、热忱、社交、感恩、乐观和好奇。这7个品质成了KIPP的"核心价值观"。KIPP用铺天盖地的标语口号往学生的脑子里灌输，不过采用的方式更加灵活多变。比如，KIPP的每个学生都知道"棉花糖实验"，学校给他们的T恤衫上印的不是"自控"这个名词，而直接就是："别吃那块棉花糖！"

学校给每个学生发了一张卡片，让学生随时记录身边同学做出的符合"七个优良品质"的行为。比如，其中一条记录是"雅斯曼发现威廉一个符合'热忱'的行为：他在数学课上对老师的每个提问都积极举手"。

(二)训练良好礼仪

KIPP有非常严格和规范化的礼貌教育：

一个有自控力的人生活再差也差不到哪儿去，自控力是比想象力更为基本和行之有效的个人素质，是摆脱贫困的关键一步。每一个人都是有巨大可塑性的，哪怕遗传基因里没有"自控力"和"长远打算"的行为特征，哪怕家庭环境里没有"礼貌和礼仪"的教育，甚至也没有"值得信赖的安全环境"，我们还是可以通过刻意训练，让自己变成"不急着吃棉花糖的人"。

A.坐直和倾听	坐得笔直，才能体现一种良好的精神状态。倾听是比读更重要的学习方法，不管是老师还是同学说话，你得仔细地听，只有这样才能促进更复杂的对话和交流。
B.提问与回答	必须敢于提问并且能回答问题。如果不敢提问，老师就不知道你掌握得如何。
C.点头与注视	你要是理解对方在说什么，你就要点头。眼睛必须盯着说话的人看：一方面是表示尊重，一方面是为了加强信息传递。

第四节　时间和精力管理

测一测

为了更好地了解自己的时间管理能力，请你完成下列活动。

你的时间管理现状

题目	非常符合	部分符合	不太符合	极不符合
1.我没有做读书计划的习惯，做什么依心情而定				
2.我的学习环境杂乱无章				
3.我习惯在精神状态不佳的时候做学校的工作				
4.我容易被外在事物干扰而分心				
5.我会精神不济，可能是睡眠不足、节食不当或其他原因造成的				
6.我习惯长时间的学习，忽略休息时间的安排				
7.我事情很多，有些纯粹是浪费时间的事情				
8.我做事没有设定最后完成期限的习惯				
9.我花太多时间在不是最优先要处理的事情上				
10.我总是先做我喜欢但不是最重要的事				
11.我没有善用零碎时间的习惯				
12.我会做读书计划，但是往往因为很难执行而彻底放弃				
13.我总是无法拒绝别人的请求，常在做计划之外的事				
14.我总认为还有时间，想说再等一下好了				
15.我不习惯寻求帮助，总是花很多时间自我摸索				

总分：________________

计分说明："非常符合"计4分，"部分符合"计3分，"不太符合"计2分，"极不符合"计1分，将每一项分数累加即得总分。得分越高说明你的时间管理能力越需要提高。

日常生活检视表

请你参阅下表左栏的日常学习生活项目，在中间一栏做出选择，以表示你昨天是否经历过，并在右栏列出你在该生活项目上所花的时间。

记录日期：　年　月　日　　星期

日常学习生活项目	勾出你昨天做过的事情	大致所花时间
写功课/复习、预习	□是 □否	（　小时　分）
补习（科目：　　　）	□是 □否	（　小时　分）
阅读报纸和杂志	□是 □否	（　小时　分）
看漫画或玩游戏	□是 □否	（　小时　分）
上网	□是 □否	（　小时　分）
看电视	□是 □否	（　小时　分）
做家务	□是 □否	（　小时　分）
参加社团活动	□是 □否	（　小时　分）
运动	□是 □否	（　小时　分）
参加文化或艺术活动	□是 □否	（　小时　分）
参加休闲或娱乐活动	□是 □否	（　小时　分）
睡觉	□是 □否	（　小时　分）
其他	□是 □否	（　小时　分）

进入高中以后，面对繁重的学习任务很多学生会明显感到时间不够用，总是像钟摆一样在新课、作业、复习之间来回摆动。但是，面对同样的时间、同样的作业，有的同学来不及做、总是抱怨时间不够，有的同学不但能做完作业，而且能抽出时间复习。这说明很多同学都不知道怎样合理安排时间，也有很多同学至今没有意识到优化时间的重要性、紧迫性，做事情总是磨磨蹭蹭，喜欢拖延。同学们养成合理利用时间的良好习惯，提高效率，使自己的学习和生活都受益。

一、认识时间管理

时间管理是指利用系列技能或方法来完成明确的任务和计划，达到一定的目标。时间管理的内容主要包括：制订计划、对花费的时间进行分析、记录时间分配的情况、确定事情完成的优先次序等。时间管理就是管理我们的行为，我们要通过更积极、有效的行为让生命的每一天都更有价值；那么，我们应该如何管理，让自己成为时间的主人呢？

二、时间管理的技巧和方法

（一）与时间赛跑

一分钟有多重要？

一分钟可以出声读180个字；

一分钟一个银行职员能点10万多现钞；

一分钟一个秘书可以打150个字；

一分钟一个成年人可以走55~65米；

每天多阅读30分钟，一年下来你就可以比别人多读10~15本书。

你的想法：____

____

（二）制订科学有效的时间表并坚持执行

时间表具体可分为学期时间表、每周时间表和每日时间表，三者相辅相成。

1.学期时间表。高中生可以参考学校的学期计划来制订自己的学习计划，内容包括：这一学期规定的全部教学活动，如上课、考试、非限定性课程、社团活动等；一个人必不可少的睡眠、饮食安排。填好这些内容之后，余下的空白则可结合自己的课程表，用于安排每周、每天的主要学习生活内容。学期时间表一学期编制一次即可。

2.每周时间表。可以根据当周的学习任务、学校活动和自身情况，对每周时间表进行充实。列出这一周要完成的哪几大块任务，如要准备物理小测验、英语听写等，然后具体到每天。

3.每日时间表。编制每日时间表既可以按照重要程度排列，也可以按照“时间流程法”排列。

(1)四象限法则

“四象限法则”是时间管理理论的一个重要观念，是有重点地把主要的精力和时间集中地放在处理那些重要但不紧急的工作上，这样可以做到未雨绸缪，防患于未然。人们在日常工作中，很多时候往往有机会去很好地计划和完成一件事，但常常却没有及时地去做，随着时间的推移，造成工作质量的下降。因此，应把主要的精力有重点地放在“重要但不紧急”这个象限上，这是必要的。把精力主要放在重要但不紧急的事务处理上，需要很好地安排时间。一个好的方法是：建立预约。建立了预约，自己的时间才不会被别人所占据，从而有效地开展工作。

把要做的事情按照 “紧急”“不紧急”“重要”“不重要” 的排列组合分成四个象限，这四个象限的划分有利于我们对时间进行深刻的认识及有效的管理。

第一象限包含的是一些紧急而重要的事情，这一类的事情具有时间的紧迫性和影响的重要性，无法回避也不能拖延，必须首先处理、优先解决。如明天要交的某科作业。

第二象限的事件不具有时间上的紧迫性，但是它具有重大的影响，对于个人发展具有重要意义，如背单词、健身等。

第三象限的事件大多是些琐碎的杂事，没有时间的紧迫性，没有任何的重要性，这些琐事纯粹是在扼杀时间、浪费生命。发呆、上网、闲聊、游逛，这是饱食终日、无所事事的人的生活方式。

第四象限包含的事件是那些紧急但不重要的事情，这些事件具有很大的欺骗性。很多人在认识上有误区，认为紧急的事情都显得重要；实际上，像无谓的电话、附和别人期望的事等都不重要。这些不重要的事件往往因为它紧急，就会占据人们的很多宝贵时间。所以，针对计划外的“突发事件”要根据自己的规则，合理安排，必要时学会说“不”。

______年_____月_____日　星期_____		
	不重要	重要
紧急	共计______小时	共计______小时
不紧急	共计______小时	共计______小时

请同学对照自己的生活分类表思考：

①如果大部分的事情都集中于“紧急重要”一栏，说明什么？

②如果大部分的事情都集中于“不紧急但重要”一栏，说明什么？

③如果大部分的事情都集中于“紧急但不重要”一栏，说明什么？

④如果大部分的事情都集中于“不紧急不重要”一栏，说明什么？

(2)时间流水账

按一天的时间发展,把每一时间段内要完成的事件写好。

______年____月____日　星期_____	
6:30~7:00	背英语单词
7:00~8:00	吃早饭上学
……	
18:40~19:00	完成第二天的作业
……	

据统计,20%的普通人每天都存在着拖延行为,拖延行为的存在使我们即使制订了时间计划,也不能按时完成。据一项调查结果显示,拖延的原因主要有:追求完美;不自信;时间充裕,不着急做;偷懒。

拖延最主要的危害有:耽误时间,进而影响学业;因事情未做而焦虑,影响情绪,造成更大的心理压力;还会给人留下不好的印象,影响人际关系。

因此怎样才能克服拖延,按时完成计划?下面介绍一个番茄工作法。

番茄工作法是弗朗西斯科·西里洛于1992年创立的一种简单易行的时间管理方法。在番茄工作法一个个短短的25分钟内,收获的不仅仅是效率,还会有意想不到的成就感。

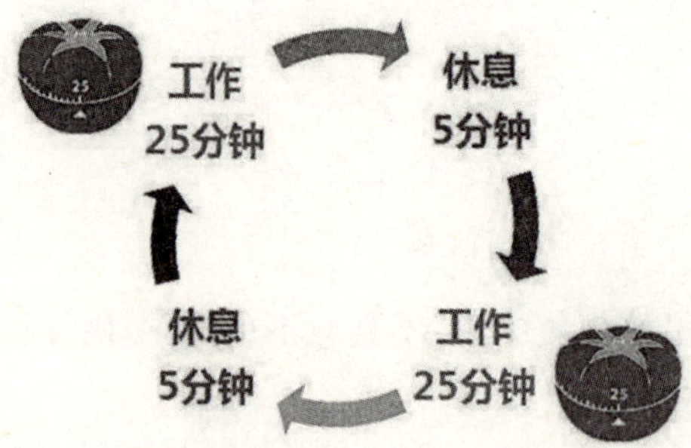

番茄工作法主张专注工作25分钟,然后让自己短暂休息5分钟,在这五分钟时间喝喝茶、上上洗手间,让疲劳的大脑休息休息,然后再继续下一个番茄时间。如此循环,你会发现,这短短的5分钟,让自己的效率大大地提高了!

让我们来看看具体的番茄工作法：

(1)一个番茄时间(25分钟)不可分割，不存在半个或一个半番茄时间。

(2)一个番茄时间内如果做与任务无关的事情，则该番茄时间作废。

(3)不要拿自己的番茄数据与他人的番茄数据比较。

(4)番茄的数量不能决定任务最终的成败。

(5)必须有一份适合自己的作息时间表。

目的：

(1) 减轻时间焦虑。

(2) 提升集中力和注意力，减少中断。

(3) 增强决策意识。

(4) 唤醒激励和持久激励。

(5) 巩固达成目标的决心。

(6) 完善预估流程，精确地保质保量。

(7) 改进工作学习流程。

(8) 强化决断力，快刀斩乱麻。

做法：

(1) 每天开始的时候规划今天要完成的几项任务，将任务逐项写在列表里或记在软件的清单里。

(2) 设定你的番茄钟(定时器、APP手机软件、闹钟等)，时间是25分钟。

(3) 开始完成第一项任务，直到番茄钟响铃或提醒(25分钟到)。

(4) 停止工作，并在列表里该项任务后画个“×”。

(5) 休息3~5分钟，活动、喝水、方便等。

(6) 开始下一个番茄钟，继续该任务。一直循环下去，直到完成该任务，并在列表里将该任务划掉。

(7) 每四个番茄钟后，休息25分钟。

在某个番茄钟的过程里，如果突然想起要做什么事情：

a.非得马上做不可的话，停止这个番茄钟并宣告它作废(哪怕还剩5分钟就结束了)，去完成这件事情，之后再重新开始同一个番茄钟；

b.不是必须马上去做的话，在列表里该项任务后面标记一个逗号(表示打扰)，并将这件事记在另一个列表里(比如叫“计划外事件”)，然后接着完成这个番茄钟。

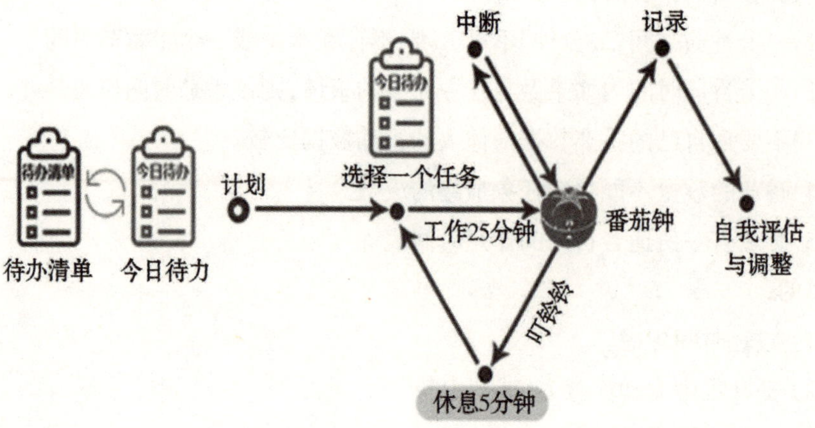

星期一		
任务	番茄数	突发事件
1.更新博客文章	☑☑☑☐☐	1.隔壁老王来借 WFI。 2.我一脸茫然地回道："WFI"是什么？
2.	☐☐☐☐☐	
3.	☐☐☐☐☐	
	☐☐☐☐☐	
	☐☐☐☐☐	

人生要规划，更要管理。有了具体的规划，并不代表我们的人生目标就能实现。时间是世界上最公平的资源，他给我们每一个人相同的一天24小时。科学地安排和利用时间，是我们生涯历程中每天都要面对的课题。要实现你的梦想，过你想过的生活，请从学会管理时间开始吧。

第五章 应对压力和变化

第一节　直面生活中无处不在的挫折

5年前，小李所在公司要在外地成立一家分公司，老板让他去做总经理，全权负责那里的业务及管理。小李感到很欣慰，欣慰于老板对他的信任，欣慰于终于有了施展抱负的机会。一直以来做办公室主任的他总感觉被束缚了手脚，施展不开。但临行前他犹豫再三，担心自己做不好，担心刚成立的分公司毁于他手。最终他没有去成，现在依然是那家公司的办公室主任，每月领着5000元的薪水。而那位被派去的总经理将分公司经营得如鱼得水，年薪80万元。虽然在第一年有些波折，毫无收入，但在他的努力及总公司老板的全力支持、帮助下，分公司渡过难关，披荆斩棘，业绩一路飙升。5年了，小李总是后悔自己当时的懦弱，虽说路还很长，可是天知道下一个机会在哪里。

一、什么是挫折?

挫折是指当个体从事有目的的活动时,在环境中遇到障碍或干扰,致使需要和动机不能满足,因而产生焦虑和紧张不安的情绪状态。

挫折是人的一种主观心理感受,一个人是否体验到挫折,与他自己的抱负水平密切相关。所谓抱负水平是指一个人对自己要达到的目标所规定的标准。规定的标准越高,其抱负水平越高;规定的标准越低,其抱负水平也越低。同样两个推销人员,甲的指标是销售额100万元,乙的指标是销售额60万元,结果两人都完成80 万元销售额，这对乙来说会感到成功和满足，而对甲来说则会感到是一种挫折，所以挫折因人而异。相同的情境，由于人们的心理状态、需要动机以及思想认识的不同，在遇到挫折时的表现也会大不一样。

看这幅漫画，它能告诉你挫折具有什么特征吗？

挫折是一种主观体验，与目标直接相关。

挫折除了是对已发生的事情产生了一种情绪体验外，还有一种叫心理挫折。

心理挫折，通常包括想象中的挫折和事实上的挫折。其中，想象中的挫折尽管还没有构成事实，但也能影响人的行为。例如，某位同学参加高考，还没有考试就开始各种担心：知识掌握得还不够扎实，有些难题还没有得到解决，最近失眠休息不好，考场上很紧张、不能正常发挥等，各种担忧郁闷于心；于是在头脑里先产生了想象中的挫折，在这样的折磨中坐卧不安，无心学习，效率极低。

产生挫折的原因是多种多样的，从总体上它可划分为外在因素和内在因素。

外在因素，主要是指外界事物或情境阻碍人们达到目标而产生的挫折。如天灾人祸、生老病死这样的自然原因，也有学习和工作中缺乏良好的条件或良好的人际关系等。

内在因素，主要是指主观因素阻碍人们达到目标而产生的挫折。如个人的健康状况、身体的某种缺陷、个人的能力、知识经验等。

在同样的情境下，我们会发现不同人的挫折感和反应有很大的不同。人们对挫折的反应有很强的个体差异，挫折容忍力的高低，主要受下面三个因素的影响：

1.生理条件。一个身体健康、发育正常的人，对生理需要的容忍力总比一个身体多病、生理上有缺陷的人高。

2.过去的经验和知识。对挫折的容忍力和个人的习惯态度一样，是可以通过学习而获得的。如果一个人从小娇生惯养,很少遇到挫折,或遇到挫折就逃避,失去了学习处理挫折的机会,这种人的挫折容忍力必然很低。所以管理心理学认为:不应该逃避挫折,而应该在困难面前加强学习,以提高自己对挫折的处理能力。

3.对挫折的知觉判断。每个人对客观世界的认识不同,因此,即使面临相同的客观情境,每个人的感受和判断也会不同,因而对每个人所造成的打击和压力也不相同。在同样的情况下,一个人认为是严重的挫折,而另一个人可能认为是无所谓的事情。

二、挫折的积极意义

贝弗里奇说得好:"人们最出色的工作往往在处于逆境的情况下做出。思想上的压力、肉体上的痛苦都可能成为精神上的兴奋剂。"很多伟人都曾遭受心理上的打击及形形色色的困难,若非如此,他们也许不会付出超群出众所必需的那种劳动。他还指出:"忍受痛苦而不气馁,是青年科学家必修的严峻一课。"勇历艰险,不怕挫折,这是所有发展积极心态、有志于成功的人的必修课。同学们仅知道道理是不够的,还必须要具有一种意识。当我们面临荆棘丛生的困境时,就要想到这是摘取成功之花的必由之路。

挫折是一种失败,但是它有很多的积极意义。

钱学森说:"我们不要怕失败,失败了,总结经验教训,再重来。经过挫折和失败,会使我们长才干,变得更加聪明。"

巴尔扎克说:"世界上的事情永远不是绝对的,结果完全因人而异,苦难对于强者是一块垫脚石,对于弱者是万丈深渊。"

孔子在失意的痛苦中写出了《春秋》;

屈原在流放的痛苦中赋出了《离骚》;

曹雪芹在家破的痛苦中完成了《红楼梦》。

古今中外的成功者大都历经坎坷、命途多舛,都是从不幸的境遇中奋起的人。我们也不可否认,对于成功者来说,处境的艰险、失败的打击和对于新事物没有经验、缺少把握,也会相应地给他们带来困扰、忧虑、苦恼和烦躁不安的情绪。但成功者不畏艰难,不会被困苦的处境压垮。成功者最可贵的信念和本事是变压力为动力,从荆棘中开新路。

成功与失败是事物发展的两个轮子,"失败是成功之母",这句话可以说人人皆知。但在实际生活中，只有自信主动、心态积极、坚持开发自己潜能的人才能真正领会它的含义。失败有什么可怕呢？成功与失败，相隔只是一线。即使你认为失败了，只要有“置之死地而后生”的心态和自信，还是可以反败为胜的。有人说，过分自信也会导致失败，但所否定的只是“过分”，而不是自信本身。如果你不怕丢面子，不怕别人说三道四，那么失败传递给你的信息只是需要再探索、再努力，而不是你不行。

爱迪生做了一万多次实验，在每次失败后他都能不断寻求更多的东西。当他把原来的未知变成已知的时候，无数的灯泡就被制造出来了。所以他认为那么多的失败实质上都不能算是失败，这位伟大的科学家从自己“屡战屡败”的经历中总结出一条宝贵的经验。“我只是发现了9999种不适用的方法而已。”他说，“失败也是我需要的，它和成功一样对我有价值。只有在我知道一切做不好的方法之后，我才知道做好一件工作的方法是什么。”这不正是深知从各种损失中也能获益的意义吗？从这个意义上，我们认识到只有不怕失败、深知失败意味着什么的人才可能享受到成功的欢乐。

三、体验挫折

1. 假设你的手因某种原因不能再工作了，请你想办法用嘴叼着笔，把自己的名字写在纸上。

2. 回忆那些我们战胜过的挫折。

那些难忘的挫折	
那些有效的方法	
你能做得更好	

你做一件事情失败了，这意味着什么呢？无非有三种可能：一是此路不通，你需要另外开辟一条路；二是某种故障作怪，应该想办法解决；三是还差一两步，需要做更多的探索。这三种可能都会引导你走向成功。

四、战胜挫折

成功者之所以成功，并不仅仅因为有智慧和才华，还有百折不挠的勇气。一个人如果没有勇气，便毫无斗志。一个士兵如果没有勇气，必死无疑。人人需要勇气来面对成功与失败，挫折与泪水，是是与非非。

波德莱尔说："没有一件工作是旷日持久的，除了那件你不敢着手进行的工作。"在这个世界上，很多人之所以没有成功，并不是因为他们缺少智慧，而是他们面对事情的艰难时缺少做下去的勇气。

1. 接纳挫折；

2. 认识挫折积极的一面；

3. 相信自己一定能战胜挫折；

4. 积极寻求解决问题的方法；

……

相信你会用经历挫折的感悟、战胜挫折的智慧让上面的内容更加丰富。

学习过化学的都知道金刚石，它的硬度是10，是世界上最硬的晶体。然而，它却是最简单的宝石，只有碳原子这一味元素独立组成。说起这碳元素，实在是平常之物，燃烧的煤块、书写时乌黑易断的铅笔芯，还有入口即化的白砂糖，其主要成分都是碳原子，为什么煤炭、铅笔芯儿并没有成就伟业？是什么使普通的碳元素变成光彩闪烁的珠宝？所有的秘密在于原子之间的连接。每一粒金刚石都是碳原子经历过极高的温度和极大的压力之后才形成的。如果压力或是温度不够高，或者虽然有过高压高温，但时间不长，碳的结晶连接只能形成黑油油的石墨。来

到这世界上的每一个人，就如一个个的碳原子，只有在生活中经历风雨吹打、挫折磨蚀，才能形成强大的硬度和耐性，才能在多变的世界中站稳脚跟，像一棵大树一样把根深入地下，才能枝繁叶茂，像金刚石一样才能打磨成璀璨的钻石。把每一次挫折看作一次锻造，一次高温和高压，如此才能不断成长。

因为挫折，所以成长！

五、实践与操作

下面是一些你曾经遇到过的问题。根据下列所标出的挫折感等级，请你在相应的等级上打“√”。

	没有挫折感	有点	一般	较多	极大
1.与朋友翻脸	1	2	3	4	5
2.考试不理想	1	2	3	4	5
3.家长不理解	1	2	3	4	5
4.受老师冤枉	1	2	3	4	5
5.无故被人欺负	1	2	3	4	5
6.丢失心爱的东西	1	2	3	4	5
7.其他	1	2	3	4	5

得分分析：

7~14分。你是一个乐观开朗的学生，挫折不会给你带来太多的精神压力，但是如果对事事都满不在乎、不努力，将会很危险。培养进取心和责任心，会使你更加完美。

15~21分。你是一个自尊自爱的学生，喜欢在同学和老师面前表现出色，在挫折面前你会产生紧张感和忧虑的情绪，说明你在乎自己的表现，但是你不会对自己能力达不到的目标太较真，你会试着改变原有的目标，这也许使你不能够发挥出内在的潜力，你在平时应多听取别人的意见。

22~35分。你是一个比较敏感的学生，有着强烈的自尊心，对自己要求很高；在挫折面前，甚至有时会觉得天要塌下来了。实际上每个人都会经历挫折，你应该把挫折当作锻炼的机会，展开胸怀，多和别人交流沟通，学会向别人诉说你的烦恼，你会发现挫折并不可怕。

第二节　管理好自己的压力

有一天，猎人突然发现一个平时在村里十分严肃的老人，正在做一个很有趣的游戏。猎人想：老人平时刻板严肃，怎么会在没人时像个儿童一样顽皮快乐呢？感到好奇的他去问老人，老人说："你是猎人，为什么在不打猎的时候，没有把弓扣上弦呢？"猎人说："如果每天都拉紧弦，那么弦就会失去弹性。"老人说："我现在做着游戏，也是这个理由。在闲暇的时候放松一下自己，也就等于放松了心灵。"

一、了解自己的承压能力

在我们的生活中，很多人并不是因为没有能力而被打败，而是因为无法控制自己的情绪。面对现实生活中激烈的竞争，我们都有强烈的求生欲，加之时常遇到不如意之事，许多人往往会被焦虑、急躁、忙乱、茫然等情绪困扰，这些情绪堆积起来常常会让人无法正确定位自己，使我们手足无措，对一个人能力的发挥产生极大的影响，使自己的工作效能大大降低，生活也变得紊乱。

小吴大学毕业后多次求职被拒，最后到一家小公司担任业务员。尽管这份工作不符合她名牌大学的学历，但她并没有沉浸在这份不如意中，因为她明白一个人只有怀着归零的心态、拥有一颗平常心、懂得忍耐，才能在这个社会上拥有自己的一席之地，才会得到发展。尽管同事刁钻，客户无理取闹，她不断告诉自己："我是在慢慢进步，我要忍耐。"她顶住压力，忍受着各方面的困难不断总结一次次挫折中的经验，两年之后，凭借优秀的业务能力、坚持不懈的态度、坚韧的品格，她升职为该公司的业务经理。

这种现实和理想存在巨大差异的现象在年轻人的成长中比比皆是，并不稀罕。只有怀着一颗不过分在意得失的心，才能在不如意的现实中找到自己前行的动力。怀着一颗平常之心并不是不思进取、不去追求成功，而是用自己一颗平常心升华自己的进取之心。拥有平常心实质是平衡外界和自己的内心，正是由于这种平衡，人才会远离焦虑、浮躁和压力。

承受压力测试：

现在的社会竞争激烈，来自各方面的压力常常让许多性格脆弱的人难以承受，面对激烈的竞争和挑战,你是积极地接受还是一味地逃避呢?在现实中你的性格能承受多大的压力呢? 做做下面的测试,你就知道了。

1. 你是否一向准时赴约?

2. 和朋友比,你是否更易和同学沟通?

3. 你是否觉得周六比周日傍晚更加放松?

4. 无所事事时,你是否感觉比忙着工作更自在?

5. 安排业余活动时是否向来很谨慎?

6. 当你处在等待状态时,是否常常感觉懊恼?

7. 你多数娱乐活动是否都和同学一同进行?

8. 你的朋友是否认为你随和易相处?

9. 有没有某位朋友让你感觉很积极进取?

10. 运动时是否常想改进技巧,多赢得胜利?

11. 处于压力之下,你是否仍会仔细弄清楚每件事情的真相,才能做出决定?

12. 旅行前你是不是想做好行程表的每一个步骤,而当计划必须改变时会感觉不自在?

13. 你是否喜欢在一场聚会上与人闲谈?

14. 你是否喜欢闷头学习,躲避处理人际关系?

15. 当你生病时,你是否会将学习带到床上?

16. 平时的阅读物是否多半和学习相关?

17. 你是否比同学要花更多的时间在任务上?

18. 你是不是在休息时也会焦躁不安?

以上4、8、13答"否"可得1分,答"是"不得分;其他各题答"是"的1分,答"否"不得分,最后累积总分。

得分分析:

10~18分:对压力的承受能力很差。

这类人喜欢过度的竞争,寻求成就感。在一般言谈中过多强调关键词汇,往往愈说愈快,并且加重最后几个词;喜欢追求各种不明确的目标,全神贯注于截止日期,憎恨延期,缺乏耐心,放松心情时会产生罪恶感。这类人对压力很敏感,也比较容易过激,对压力的心理承受能力差。

0~7分:对压力的承受能力强。

这类人心情轻松自在，而且思维缜密，工作之外拥有广泛兴趣，倾向于从容漫步，充满耐心，而且肯花时间来考虑一个决定。这类人遇事能够从容镇定，是属于对压力承受能力强的类型。

8~9分：介于两者之间。

二、压力的来源

什么事件是唤起多数人压力感的常见压力源呢？霍尔姆斯和拉赫研究了各种主要生活事件，即需要人们去适应的生活事件。在他们的研究中，霍尔姆斯和拉赫期望评估大范围内的各种生活事件的潜在压力值，如亲密家庭成员的死亡、父母的离异、严重的个人伤害、家庭成员的健康问题、重要课程考试的失败、与好友发生的严重争执、工作或学业负担的加重、与老师发生的严重争执、结交女友或男友、恋爱失败、不止一门成绩下降、个人取得显著成绩、转学、升入重点高中、升入大学、进入职场等。这里也有积极的事件，如个人取得显著成绩、考入重点高中等也会产生压力。压力的研究凸显了一个事实：压力是对事件的主观反应。即使事件是积极的，它也会带有与压力源相关联的三个特征：强度、冲突和不可控性。

如果你面对以上突发的事件感到压力非常大，你需要首先做好以下几件事：

1.监测早期的压力迹象，比如反复胃疼或头疼。

2.避免消极思想、悲观主义或灾难化情绪。

3.通过营养饮食、保持充足的睡眠和锻来强身健体。

4.定期进行放松训练。

5.当你需要时向朋友或亲属寻求支持。

短时间的紧张和压力会使人产生非凡的爆发力，不过，世界上的事情一蹴而就的终是有限。大量的成功孕育在日积月累的跋涉中。紧张是一百米短跑，成长则是马拉松比赛。长久的压力和紧张如同长久的鞭策一样，是不能持久的，它会导致反应的迟钝，紧张和压力可以应对一时，却无法达到永恒。

三、减轻压力的办法

若你感到压力非常大，你可以试着做以下的事情。

（一）认识你的焦虑

请自己分析一下哪些事情会引起你的担忧，发生这种事情的时候会产生什么想法，这样的想法会导致什么情绪，这样的情绪会让你有什么行为。

简单来说就是：触发点—思想—情绪—行为。

现在请拿出一张纸，思考一下你焦虑的时候是怎样的。记录下来这个过程。

触发点（事件）：________________

思想（担忧）：________________

情绪：________________

行为：________________

（二）焦虑的人会有哪些表现

1.回避：回避那些会让你紧张、让你焦虑的事情，回避得越来越多，就渐渐让自己的世界越来越小。

2.寻求安慰：总是在焦虑的时候寻求别人的安慰，实际上你越多地寻求安慰，你对安慰的需求会变得越来越多，但并不能帮助你减少焦虑。

3.拖延症：用拖延的方法来回避自己需要面对的事情。

4.检查：经常检查做过的事情以确认自己做对了。

5.总是让自己很忙碌，闲不下来：脑子里担心的事情太多，要兼顾的事情太多，闲不下来。生怕闲下来了就耽误了什么事情，导致严重的后果；什么都一手包办，不放心让别人去代办，不放心把事情交给别人，只有自己来做才放心；做了过多的准备工作；对身边的人过分保护。

现在请再拿出一张纸，想一下：当你焦虑的时候，你是用什么方法来使自己不那么紧张，用什么办法让自己淡定一点的？这些办法对你有多大帮助？给每一个办法评个分数。

例如：

深呼吸 70分

去卫生间洗把脸 80分

和朋友倾诉 90分

是什么让你一直保持焦虑的状态呢？从正面来说，你可能认为：焦虑让我产生做事的动力，焦虑让我对未知的事情有所准备，焦虑对解决问题很重要，焦虑可以避免坏事发生。从负面来说，你可能认为：我不在乎，我不够负责任，焦虑是无法控制的，这些担忧让我抓狂，焦虑的情绪对我的身体不好。

有哪些方法被认为对减少焦虑是没有用的呢？

1.回避你的恐惧和担忧是没有用的。

2.告诉自己“不要想了”是没有用的。实际上你越告诉自己不要想，你心里越会去想那个事情。

3.告诉自己“我担心的事情是不会发生的”是没有用的。你心里面根本就不信它不会发生。

减少焦虑的过程是有阶段性的。它还牵涉对焦虑的耐受度。

第一阶段：有非常多的焦虑，担忧很多事情，觉得自己的担忧难以忍受，经常觉得要抓狂。

第二阶段：提高对焦虑的忍受力。即使自己仍然很焦虑，但心里接受现实，觉得这是自己可以忍受的范围，不再觉得焦虑是一种痛苦，不会时时觉得抓狂。

第三阶段：当你的忍耐力提升了以后，你的焦虑自然就会降下来了。

所以减少焦虑的办法，实际上是接受自己的焦虑，并学会忍受它。

（三）放松训练

下面是一种放松训练的方法，你可以试着经常做做。放松训练不仅可以放松你精神的压力，坚持去做还可以缓解疲劳。根据国内外文献的记载，放松训练可以增强记忆，稳定情绪，提高学习效率；长期坚持放松训练可以改变人的性格，消除不健康的行为。

焦虑时，思维或迅如烈马，四野狂奔却不能集中精力考虑问题；或慢如老牛，各种念头掺杂在一起，却不能解决任何事情。放松训练就是给焦虑的头脑一个清静，从而更有效地发挥思维的潜力。

放松训练的核心在“静”“松”二字。“静”指环境要安静，心境要平静；“松”是指在意念的支配下使情绪放松，肌肉放松。

选择一个安静的场所，找一个最舒服的姿势，使你没有任何紧张感，坐在沙发或躺在床上，光线要暗，尽量减少无关的刺激，全身肌肉放松。

1.腿的放松：

伸出右腿，右脚向前用力像在蹬一堵墙，紧张右腿，保持并感受紧张；

伸出左腿，左脚向前用力像在蹬一堵墙，紧张左腿，保持并感受紧张。

每一部分肌肉的放松可依照5个步骤：集中注意—肌肉紧张—保持紧张—接触紧张—肌肉松弛。

2.手臂的放松：

伸出右手，握紧拳，紧张右前臂；

伸出左手，握紧拳，紧张左前臂；

双臂伸直，双手同时握紧拳，紧张手和臂部。

暗示语：“伸出右手紧握拳，使劲握就像要握碎什么东西，注意手臂紧张的感觉……坚持一下……再坚持一下……好，放松……现在感到手臂很放松了……”

3.躯干的放松：

耸起双肩，紧张肩部肌肉；挺起胸部，紧张胸部肌肉；

拱起背部，紧张背部肌肉；屏住呼吸，紧张腹部肌肉。

暗示语：“耸起双肩，让双肩肌肉紧张，非常紧张，注意这种紧张的感觉……坚持一下……再坚持一下……好，放松……非常的放松……”

4.头部的放松：

皱起额头的肌肉，像老人的额部一样皱起；

皱起鼻子和脸颊（可咬紧牙关，使嘴角尽可能地向两边咧，鼓起两腮，似在极痛苦的状态下使劲一样）。

当各部分的肌肉放松完毕后，你可以暗示自己：“现在我感到很安静，很放松……非常安静，非常放松……全身都放松了……（从1数到50 ）……睁开眼睛。”

放松训练不仅仅是治疗焦虑的手段，也是解除疲劳的有效方法，尤其是其中的深呼吸放松，简便易行，仅需要一分多钟就可以解除相当分量的疲倦。

四、压力的两重性

我们不仅要看到压力的负面影响，还要看到压力的正面影响。

成功者总是以高于普通人的眼光要求自己，他们的这种精神是一个人不断进取的标志，激励每个人向更高的层次去努力、去进取。人无法逃离压力，随着人的成长，工作学习竞争等各个方面的压力便如影相随，大多数人认为压力是负面的，具有伤害性的，但事实上压力并无好坏之分。若视压力为积极的、正面的，就会促进个人成长；但若视压力为消极的、负面的，则会令人喘不过气来。区别就在于此。有的人习惯于抱怨压力、无法承受重压，有的人却习惯"高一层次看自己"，将压力变成前进的动力。压力是生理和心理上的一种被激发的状态，由外界的刺激过大或者要求让人觉得难以达到或难以应对导致。用美国著名应激心理学家拉扎鲁斯的话说，心理压力是个人感受到的要求与资源的不平衡感，个人感到的环境需求已经超出了自身可以应付的能力或者已经威胁到自身的心理健康。起点是"资源与能力"，终点是"要求与期待"，所感知到的两者之间的差距形成压力。

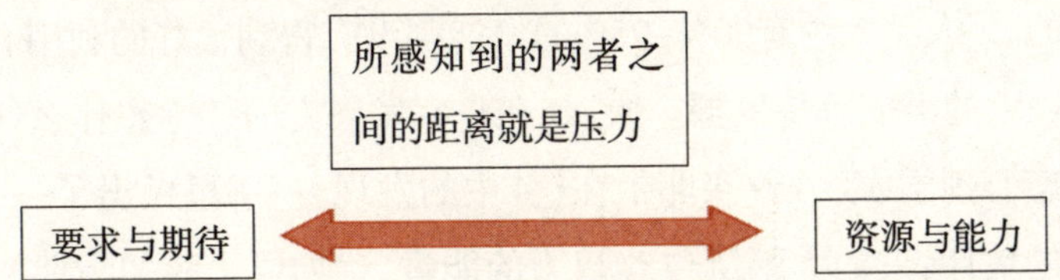

其实，压力包含两重性。耶基斯-多德森定律认为，各种活动都存在最佳的动机水平。动机不足或过分强烈，都会使效率下降。换言之，当个人的动机处于中间段最优值时，其效率是最高的。这又称为"倒U型理论"。

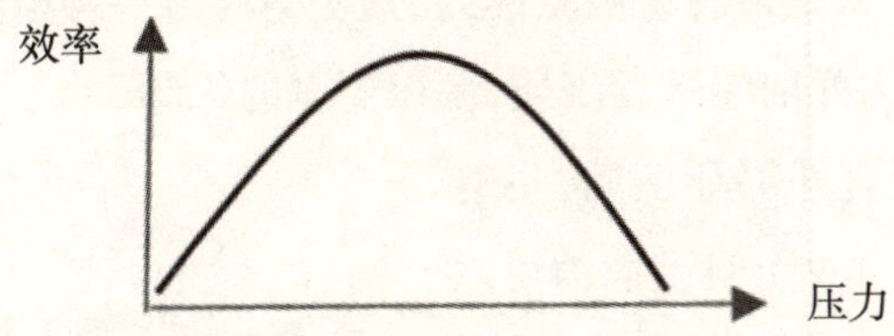

"高一层次看自己"，就是以比较高的标准要求自己，给自己加压，就能不断地锻炼和提高能力，工作和学习就会做得更好；"高一层次看自己"，一切便是从零开始，来不得半点虚假，时时逼自己面对挑战，有了提高一级的目标动力，便会珍惜机会与环境，脚踏实地磨砺自己。

当一些人坚信“知足常乐”时，“开除自己”就显得很有震撼力。安于现状，可能会暂时得到一些幸福，但随之而来的可能是懒散和麻木，甚至可以这样说，“开除自己”是对智力与勇气的激励。

西班牙人爱吃沙丁鱼，但沙丁鱼非常娇贵，当渔民们把刚捕捞上来的沙丁鱼放入鱼槽运回码头后，用不了多久沙丁鱼就会死掉，而死掉的沙丁鱼味道不好、销量也差。倘若抵港时沙丁鱼还存活着，鱼的卖价就要比死鱼高出若干倍。为延长沙丁鱼的活命期，渔民想方设法让沙丁鱼活着到达港口。后来渔民想出一个法子，将几条沙丁鱼的天敌鲶鱼放在运输容器里。鲶鱼是肉食鱼类，放进鱼槽的鲶鱼，便会四处游动寻找小鱼吃。为了躲避天敌，沙丁鱼自然加速游动，从而保持了旺盛的生命力，如此一来，一条条沙丁鱼被活蹦乱跳地拉回。这就是我们的生存法则之一的“鲶鱼法则”。

“鲶鱼法则”更多的时候是用在管理中，使团队更具活力，更能调动成员的积极性，挖掘成员的潜力。这对于个人成长而言也有很多的启发。

人的潜能是无限的。柏拉图曾指出：“人类具有天生的智慧，人类可以掌握的知识是无限的。”人类大约有90%~95%的潜能都没有得到很好的利用和开发，我们每个人都有巨大的潜能等待发掘。所以，在自我发展方面，“你想什么，什么就是你”！加拿大病态心理学家汉斯·塞耶尔在《梦中的发现》一书里做出了一个十分惊人也极其迷人的估计：人的大脑所包容智力的能量，犹如原子核的物理能量一样巨大。从理论上说，人的创造潜力是无限的，不可穷尽的。被尊为“控制论之父”的维纳认为，每一个即使是做出了辉煌成就的人，在他一生中所利用大脑的潜能也还不到百亿分之一。那么，我们又该如何释放自己的潜能呢？

在压力的环境中人是最容易被激活的。压力意味着一种威胁，人本能地具有自我保护的意识，在压力面前能激发潜质，获得更多的优势。

压力的来源，既有外部环境的，也有个人内在的。比如树立一个自己能力可以实现的目标，在社会的竞争中就能主动出击而不是被动承受。不仅如此，我们除了要面对生存中无处不在的压力，还有可能遇到意外的压力，如逆境、创伤、悲剧、威胁以及生活的其他重压。面对这些，我们

该怎样积极应对，这考验的是一个人压力反弹的能力，心理学家称为“压弹”。积极心理学的观点认为，压弹也是一种积极思维能力。压弹是国际心理学界倡导的一个新理念，它强调了良好的社会适应对人体健康的重要性。面对不开心的事情，积极的思维会着眼于未来，尽量淡化压力的负面情绪体验；而消极的思维则纠缠于过去。换句话说，在面对压力的时候，如果能放开眼界和胸怀，从更长远的未来看待眼前的困难，心怀希望，眼前的压力也可以化为动力。良好的压弹能力，使人善于化解各种生活压力，最终“压”与“弹”互为促进。

五、实践与操作

1.关于“鲶鱼效应”，你有哪些想法？

2.在你经历的过往中你最大的压力是什么？你克服这个压力了吗？

3.若你没有克服压力，后果是什么？

4.若你克服了压力，你是怎样克服的？收获是什么？

第三节　考试面前不怯场

我是一名高三的学生，马上就要面临高考了。我的平时成绩还不错，但每次考试成绩都不理想，而且越是重要的考试越考不好，所以就出现了期中考试成绩不如单元测验、单元测验成绩不如平时小测验成绩的现象。有时面临大考连身体也会出现毛病，例如在初中入学考试的前一天发高烧，被医生诊断为流行性感冒；还有一次考试前又突然患了盲肠炎，勉强打针后才赴考场。

一、什么是怯场？

考试紧张，应该说是一个比较普遍的问题，因为经常有学生反映考试时紧张。有相当一部分同学平时学习不错，可一到考场就紧张，甚至有的人在考场上心情慌乱、浑身打战，漏答、错答的情况不断出现，等交卷以后又会马上意识到自己什么题答错了；很简单的问题，进考场就不会做了，而且越是重要的考试，这种现象就越明显。每年的高考都有这种现象发生，有些同学平时成绩很好，高考成绩却不尽理想，甚至因此与接受高等教育的机会失之交臂。因为怯场而不能走进大学校门，确实令人惋惜。

这是考试成绩与焦虑水平的曲线，太过轻松或压力过大都不会发挥出最好的水平。

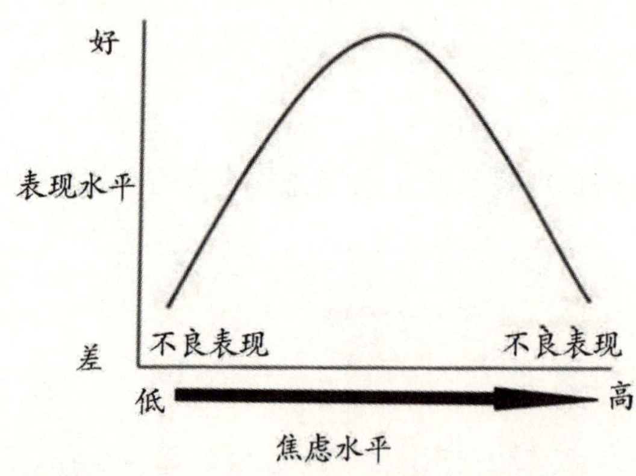

在心理学上，怯场是指因为各种原因而引起的不适情绪，以至于使原来已经形成的熟练动作、已经熟记的资料不能重新回想或再现的现象。简单地说，就是本来自己会做的事情，在特定的场合中不会做，不仅是在考试中，在一些重大的比赛或

演出中这种现象也经常发生。我们经常看到一些年轻的运动员第一次参加国际比赛时出现一些不应有的失误，多数也是因为怯场造成的。

二、造成怯场的原因究竟是什么？

单就考试而言，怯场主要是由考试焦虑引起的。我们知道焦虑指的是个人预感到可能发生的某种失败或痛苦的一种情绪体验，它是一种觉醒和紧张的心理状态。考试焦虑可以分为两方面：一方面是指自己因为对知识的掌握不够熟练，因此在考试的时候对自己的信心不足，总是担心出错；另一方面因为把考试的结果看得太重，因而对考试本身产生了恐惧，考试时严肃的气氛、监考老师来回踱步的身影、考试成绩不好就在班级里没有面子等会大大增加考试时的心理压力。心理学家发现适度的焦虑可以调动学生解决问题的主动性和积极性，提高学习效率。有时我们平时不太清楚的一些问题，在考场上反而一下子清楚起来，而且源源不断地从记忆的闸门流淌出来；比较难的题目，由于考试气氛和精力集中的影响一下子变得简单起来，这就是适度焦虑的积极作用。但过度的焦虑会使记忆受到抑制，记得很熟的东西考试时就是记不起来，平时容易的题目考试时一下子变得不会做。过于紧张的情绪抑制了对以往学习过的知识的回忆，而对知识回忆的失败又进一步加剧了本来就紧张的心情，如此恶性循环，致使掌握很熟的东西也答不上来，大脑一片空白，头脑发胀，心悸盗汗，心情紧张。可是等到考试结束后，由于造成心理紧张的刺激源消失，又可以成功地回忆出学过的知识，意识到自己哪些问题答错了，但为时已晚。

三、如何预防和解决怯场问题？

（一）养成良好的学习习惯，并且在考前做好各种准备工作

扎实掌握是根本。在学习上力戒漂浮，要将知识学牢固、学扎实，防止不求甚解，学过的内容不要有夹生饭。

掌握正确的复习方法。正确的复习方法有助于消除紧张情绪，在最初阶段应全面复习，不存侥幸心理；后期则是有重点地复习，将掌握不好、理解有困难的地方作

为复习的重点。

考前做好充分的物质准备，将各种文具准备好。有些同学考前搞突击，休息不好，进了考场还昏昏沉沉；有些考生事先准备不充分，不是忘了准考证就是忘了带文具盒，再就是签字笔没水。这样就很容易引起焦虑，也就无法取得好成绩。

（二）调整好考前的心理

良好的考前状态是既不过分紧张也不要抱着无所谓的态度去应考。在做好考前心理准备方面，可寻求家长和老师的帮助。家长、老师可以给考生适当的心理暗示，以控制考生的焦虑水平，比如可以告诉学生学得很好、进步很大，不要紧张，并告诉他考试的技巧。对于参加升学考试的学生，可以利用模拟考试的方法进行心理训练，在模拟考试中可以在心理上把它看成和升学考试一样，设想考场外有巡考人员，监考老师都是校外人员等，以增加自己对重大考试的适应能力。

（三）考前要保持有规律的休息

学习时间是必要的，但是要注意适度，废寝忘食的拼搏精神是不可取的，应保证每天有八小时的睡眠时间，使大脑得到充分的休息；否则晚上开夜车，白天昏昏沉沉，就更不能适应考试的场面了。有规律的生活，还包括适当参加一些文体活动和体力劳动，这样可以使大脑从紧张的活动中解放出来，得到适当的放松休息，提高学习的效率。俗话说“磨刀不误砍柴工”，就是这个道理。

（四）要学会一定的应试技巧

比如在考试时应注意“先易后难”的原则，要学会根据事情的难易程度统筹每一场考试的时间等。老师在临考前一般都会向学生传授这些应试技巧，大家要认真记下来，并有意识地在平时的考试中运用这些技巧。

（五）清除引起紧张的因素，即甩掉思想包袱

包袱有两种，一种是骄傲自满的包袱，这主要见于一些学习优秀的学生。平时这些学生听到的是家长、教师、同学的赞美之词，因而有时会认为稳操胜券，于是在思想上缺乏应付困难情况的准备；在考试中，偶尔遇到难题，便会情绪紧张，觉得不如别人，担心

他人耻笑。因此越是有这种思想包袱，考试时就越紧张。另一种是害怕失败的包袱，这多见于平时考试屡次不佳的同学。这些同学随着考试的迫近，心情也是日趋紧张，不时回忆起历次考试失败的情景，于是就背上了害怕失败的思想包袱。造成考试紧张的因素，还有其他一些方面，如家长的过度要求与过高期望，周围同学的议论等，都应设法消除掉，否则很难轻装前进，发挥出应有的水平。

要增强自信心，碰到较难的题目不要有“完了”的感觉，必要的时候可以设想自己不会的题目，其他同学也会和你一样，就能提高自信心，降低焦虑心理压力。

(六)正确对待考试

这是消除紧张情绪的最根本的方法，无论平时考试还是参加高考，我们应把考试看作是检验学习的一种手段，通过考试来检验自己平时的学习情况，找出差距，明确今后的学习目标。对待高考，要明白上大学不是唯一的出路，考不上也不是不光彩的事；高考也不是只有一次机会，人生的路很长，机会也还有很多。年轻就是最大的财富，如果有了这样的心理准备，才会使自己的心情平静下来。

(七)树立必胜的信心，锻炼临场经验

从某种意义上说，信心就是力量，信心就是胜利。考试如同作战，必须在战略上藐视敌人，在战术上重视敌人，藐视敌人就是要相信自己，一定能考出好成绩；重视敌人就是要认真细致地一题一题地努力做好，即使有暂时的失利，也不要气馁、自卑，争取在下一科考试中把失去的分数补回来。只有这样，才有可能最后取得好成绩。在考场上要冷静审题，暗示自己、鼓励自己，可以对自己说“我现在很安静”“没有什么了不起的，我一定能考好”，还可以有意识地让自己想象愉快舒适的情景或经历，这些都是积极的暗示，可以减轻或消除心理紧张。如果考场上遇到难题也不用着急，可以先闭上眼睛，使心情平静下来，可以做一两次深呼吸，放松一下，然后再重新去看试卷，先将那些容易、有把握的题目做好，这样你的情绪会逐渐稳定；当智力活动恢复正常时再做较难的题目，就容易成功。在攻克难题时，首先要相信考试再难也不会超出所学的知识，因此都有答出的可能。对待难题应多换几个角度，灵活思考，综合运用所学过的知识，这样就可以做出来；坚定信念，对问题逐个突破，所得分数就会越来越多，这样紧张的心理便会逐渐解除。考试时还要注意合理安排时间。一场考试，可以将时间分为三段：第一段，用三分钟通读试卷，综观全局，了解试题数量和难度，做到心中有数；第二段，做题，顺序是先易后难；第三段，验证审阅，订正错漏。

总之，考试现场并不可怕，只要应付得当，就可以减轻或者消除它对考生的负面影响。

第四节 心理健康与心理咨询

心理健康是一种持续的心理正常状态。其具体标准为:身体、智力、情绪十分调和;适应环境,人际关系中彼此谦让;有幸福感;在工作和职业中能充分发挥自己的能力,过有效的生活。人的心理符合什么样的标准才算健康呢?不同的心理学家对心理健康的标准都有不同的看法。尽管各家表述不同,但观点基本是一致的。其中,美国著名的心理学家马斯洛提出了心理健康的10条标准:

1.有充分的安全感。

2.能充分了解自己,并能恰当地评价自己的能力。

3.生活理想和目标切合实际。

4.不脱离周围的现实环境。

5.能保持自身人格的完整与和谐。

6.善于从经验中学习。

7.能保持适当和良好的人际关系。

8.能适度地表达和控制自己的情绪。

9.在集体允许的前提下,有限度地发挥自己的个性。

10.在社会规范允许的范围内,适度地满足个人的基本需要。

心理健康不仅有这样客观的标志,同样也包含人的主观评价。在高中三年学习生活中,每个人难免会经历心情的潮涨潮落,可能会在某一时间段处于心理亚健康的状态。在情绪低落的时候,个体可能会觉得兴奋水平整体下降,饮食和睡眠规律被打乱,身体疲累,或是对过去在乎的事情失去兴趣。我们需要清楚的是产生消极情绪是正常的,情绪低落在生活中是难免的,约有60%~70%的成年人一生中会经历程度不同的低潮期。情绪低落时产生的消极情绪(如抑郁、焦虑等)也是人类正常的情绪之一,人每时每刻都会有各种情绪波动,比如遇到堵车或是考试发挥不好,每当情绪波动,绝大多数人都有能力进行自我调节以避免消极情绪的持续，从而使自己情绪低落的时间尽可能缩短。但是，有时候当我们的低落情绪状态持续了较长的时间，心中苦闷无法自我排解时，可以选择请专业的心理老师陪伴你一起商讨并面对当前的困惑。当然，如果本人能较好地进行自我情绪调试，但想更好地探索自我潜能、提高学习和生活质量，也可以到心理辅导中心预约个人体验和咨询。

一、什么是心理咨询?

心理咨询是受过专业训练的咨询师,用心理学的原理和方法,主要以面谈的方式帮助来访者更好地认识自己、接纳自己,更有效地解决成长的烦恼或挫折,从而获得心理上的成长,更为自主、积极地迈向自我实现。

二、心理咨询的对象

1.任何有发展需要的学生。

2.任何有家庭教育困惑的家长。

三、心理咨询可以解决的问题

(一)心理发展咨询

主要针对心理无明显冲突,基本能适应高中环境和生活的学生。目的是帮助来访者更好地认识自我,充分发挥潜能,提高学习和生活的质量。

(二)心理适应咨询

主要针对心理基本健康,但在学习、适应、发展、择业等方面有各种烦恼和冲突的学生。目的是帮助来访者排除心理烦扰,缓解心理压力,提高适应能力。

(三)心理障碍咨询

主要针对存在某些心理疾病,影响了正常的生活和学习的学生。目的是通过系统的心理治疗,帮助来访者克服心理障碍,恢复心理健康。

(四)心理疾病的转介

如果经过心理咨询师的评估,认为可能属于心理疾病,那么会向来访者推荐更专业的心理治疗机构,这一过程被称为转介。专业的心理治疗更有助于来访者心理健康的维护。

四、怎样正确对待心理障碍和心理疾病?

(一)要对心理障碍与心理疾病有一个科学的认识

心理障碍和心理疾病是“病”,而不是什么思想问题或道德问题,不要有太多的心理负担。对待有心理障碍和心理疾病的同学要多一些关怀,而不是回避和歧视。

(二)要了解一些心理障碍和心理疾病的基本常识

判定心理疾病可依据三个标志:

1.看一个人的心理活动是否与客观现实相符合,也就是是否与周围的环境协调一致。

2.看一个人的心理活动的各个组成部分之间是否协调一致。正常人的认知、情感、意志活动都是协调一致的,人的认知能有效地调节自己的言行,情感也是正常的。也就是说,能否对感知到的外界环境做出相应的情绪与行为反应。

3.看一个人的个性特征是否相对稳定。人的个性特征一经形成,就具有相对稳定性,不会随着环境的变化而产生较大的改变。如果一个人的某种个性特征突然变得异乎寻常,就很可能是心理病态了。例如,一个人本来很活泼,性格很开朗,突然莫名其妙地变得情感淡薄、消沉,情绪低落、郁郁寡欢、表情呆板、忧郁沮丧甚至悲观厌世,这可能就是心理疾病的外显症状。

(三)要认识到心理疾病是能够改善的

尽管心理疾病的原因十分复杂,疗效也比较缓慢,但是即使是患了心理疾病的人,也不用过分地恐惧。当我们懂得一些有关心理健康的基本常识,在心理医生或咨询师的指导下,运用一些有效的心理治疗方法,情况就可以慢慢好转。

五、还有哪些需要了解?

咨询师无法替来访者“拿主意”,决策、选择具体问题,但心理咨询可以帮助来访的同学澄清问题的困惑,分析利弊,开阔和转变思路,疏导不良情绪,以专业的心理学方法帮助其发现自身的优势和潜能,实现来访者的自我成长。保密是心理咨询遵循的基本工作原则,真诚、理解、共情是心理咨询的特质。

山东师范大学附属中学心灵花园成立于1990年，是学校学生发展中心下属的心理指导教育职能部门，是山东省首批开设的学校心理健康教育部门。如今，社会的发展日新月异，家长对子女的教育也越来越关注。两校区心理辅导中心每天都接到家长的电话咨询，针对家长提出的问题进行解答，有时也要进行面对面咨询。因此，为了更好地服务于学生与家长，提升学生心理健康教育工作的效率，开展更有针对性的心理指导，学生发展指导中心面向我校家长开设了专门的“心理健康教育家长接待日”。

校本部和幸福柳校区“心理健康教育家长接待日”统一定为周一下午2:00~5:00，由专门的心理老师接待家长来访，解答在学生心理发展和家庭心理健康教育方面的问题。为保证约谈的时间和质量，家长在非接待日可以提前进行电话预约。